KOKOKARA DRILL SERIES

★大学入試★
HAJIMERU

土岐田の ここから
はじめる
英文法
ドリル

Gakken

受験勉強の挫折の原因とは？

自分で
続けられる
かな…

定期テスト対策と受験勉強の違い

本書は、これから受験勉強を始めようとしている人のための、「いちばんはじめの受験入門書」です。ただ、本書を手に取った人のなかには、「そもそも受験勉強ってどうやったらいいの？」「定期テストの勉強法と同じじゃだめなの？」と思っている人も多いのではないでしょうか。実は、定期テストと大学入試は、本質的に違う試験なのです。そのため、定期テストでは点が取れている人でも、大学入試に向けた勉強になると挫折してしまうことがよくあります。

定期テスト
とは…　▶ 授業で学んだ内容のチェックをするためのもの。

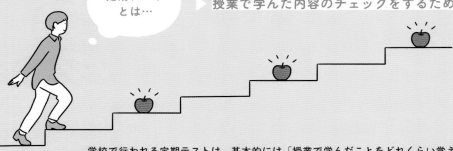

学校で行われる定期テストは、基本的には「授業で学んだことをどれくらい覚えているか」を測るものです。出題する先生も「授業で教えたことをきちんと定着させてほしい」という趣旨でテストを作成しているケースが多いでしょう。出題範囲も、基本的には数か月間の学習内容なので、「毎日ノートをしっかりまとめる」「先生の作成したプリントをしっかり覚えておく」といったように真面目に勉強していれば、ある程度の成績は期待できます。

大学入試
とは…　▶ 膨大な知識と応用力が求められるもの。

一方で大学入試は、出題範囲が高校3年間の学習内容のすべてであるうえに「入学者を選抜する」ための試験です。点数に差をつけるため、基本的な知識だけでなく、その知識を活かす力（応用力）も問われます。また、試験時間内に問題を解ききるための時間配分なども必要になります。定期テストとは試験の内容も問われる力も違うので、同じような対策では太刀打ちできず、受験勉強の「壁」を感じる人も多いのです。

受験参考書の難しさ

定期テスト対策とは大きく異なる勉強が求められる受験勉強。出題範囲が膨大で、対策に充てられる時間も限られていることから、「真面目にコツコツ」だけでは挫折してしまう可能性があります。むしろ真面目に頑張る人に限って、空回りしてしまいがちです。その理由のひとつに、受験参考書を使いこなすことの難しさが挙げられます。多くの受験生が陥りがちな失敗として、以下のようなものがあります。

参考書1冊をやりきることができない

本格的な受験参考書に挑戦してみると、解説が長かったり、問題量が多かったりして、
挫折してしまう、1冊やりきれないままの本が何冊も手元にある……。
こんな状態になってしまう受験生は少なくありません。

最初からつまずく

自分のレベルにぴったり合った参考書を選ぶのは難しいもの。
いきなり難しい参考書を手に取ってしまうと、まったく問題に歯が立たず、
解説を見ても理解できず、の八方塞がりになってしまいがちです。

学習内容が定着しないままになってしまう

1冊をとりあえずやりきっても、最初のほうの内容を忘れてしまっていたり、
中途半端にしか理解できていなかったり……。
力が完全に身についたといえない状態で、
よりレベルの高い参考書に進んでも、うまくいきません。

ならばどうしたら
この失敗が防げるか
考えたのが…

ここからはじめるシリーズなら挫折しない！

前ページで説明したような失敗を防ぎ、これまでの定期テスト向けの勉強から受験勉強へとスムーズに移行できるように工夫したのが、「ここからはじめる」シリーズです。無理なく、1冊をしっかりとやりきれる設計なので、これから受験勉強をはじめようとする人の、「いちばんはじめの受験入門書」として最適です。

1 1冊全部やりきれる！

全テーマが、解説1ページ⇔演習1ページの見開き構成になっています。
スモールステップで無理なく取り組むことができるので、
1冊を最後までやりきれます。

2 最初でつまずかない！

本格的な受験勉強をはじめるときにまず身につけておきたい、
基礎の基礎のテーマから解説しています。
ニガテな人でもつまずくことなく、受験勉強をスタートさせることができます。

3 学習内容がしっかり定着する！

1冊やり終えた後に、学習した内容が身についているかを
確認できる「修了判定模試」が付いています。
本書の内容を完璧にし、次のレベルの参考書にスムーズに進むことができます。

これなら
続けられそう

こんにちは！　英語講師の土岐田健太です。

　もし英語の成績がなかなか上がらなくて困っている受験生から、「受験勉強は何からはじめたらよいでしょうか？」と相談されたら、「英文法からはじめましょう」と僕は断言します。

　英文法は本来とってもシンプルなルールです。「品詞」→「文型」→「句と節」という順番で習得すれば、着実に実力がつくようにできています。くわえて、中学英語との接続がなめらかになれば、高校英語は「地続き」なので、つまずくことなく身につけられます。ところが、実際に受験生に話を聞くと、「今さら中学英語とか恥ずかしいので……」のような反応をするのです。そのようなマインドのままでは、後から苦労するのが目に見えています。

　外国語として英語を学ぶ時にベストな方法は、「英文法」をアタマや手、口をフルに稼働させて学ぶことです。この本は「ただ単に選択肢を選んでマル付けをして終わり」という本ではありません。「つまずきの解消」と「さらなる飛躍の基礎固め」ができる本になっています。具体的には「理解する」→「手順をつかむ」→「ドリル形式で反復練習する」という3つのステップをふみ、無理なく受験勉強のスタートダッシュができるよう工夫されています。巻末には音読用英文の一覧もついています。

　本書は、「ガムシャラに努力してるけど、思うように結果が出ない」と悩んでいる人にこそ、ぜひ取り組んで欲しい本です。これまで英文法によって英語力が飛躍的に伸びた生徒を数えきれないほど目にしてきました。かくいう高校時代の僕もそのひとりです。この本が読者のみなさんの「相棒」となり、大きな飛躍につながったら、著者としてこれほど嬉しいことはありません。さあ、ここからはじめましょう！

読者のさらなる成長を願い、
広大な海の広がる沖縄の海辺にて

土岐田健太

(◀)) 音声のご利用方法) ←

本書の ◀))TRACK000 が掲載されている箇所は音声に対応しています。音声を再生するにはまず、右のQRコードをスマホなどで読み取るか、次のURLにアクセスしてアプリをダウンロードしてください。ダウンロード後、アプリを起動して『土岐田のここからはじめる英文法ドリル』を選択すると、端末に音声がダウンロードされます。

https://gakken-ep.jp/extra/myotomo/

※ iPhoneからのご利用には Apple ID、Androidからのご利用には Google アカウントが必要です。また、アプリケーションは無料ですが、通信料は別途発生します。

〔ご利用の注意点〕
お客様のネット環境およびスマホやタブレット端末の環境により、音声の再生やアプリの利用ができない場合、当社は責任を負いかねます。また、スマホやタブレット端末へのアプリのインストール方法など、技術的なお問い合わせにはご対応できません。ご理解をいただきますようお願いいたします。

別冊「解答解説」 → 別冊「修了判定模試」

本書の使い方

How to Use

超基礎レベルの知識から、順番に積み上げていける構成になっています。

「▶ここからはじめる」をまず読んで、この講で学習する概要をチェックしましょう。

解説を読んだら、書き込み式の演習ページへ。
学んだ内容が身についているか、すぐに確認できます。

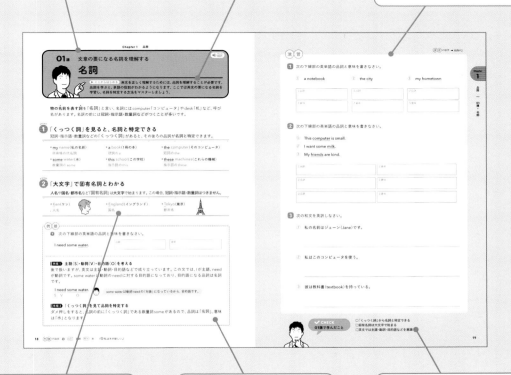

人気講師によるわかりやすい解説。ニガテな人でもしっかり理解できます。

例題を解くことで、より理解が深まります。

学んだ内容を最後におさらいできるチェックリスト付き。

答え合わせがしやすい別冊「解答解説」付き。
詳しい解説でさらに基礎力アップが狙えます。

すべての講をやり終えたら、「修了判定模試」で力試し。
間違えた問題は →00講 のアイコンを参照し、該当する講に戻って復習しましょう。

1 英文法は入試突破の武器になる！

「英文法」を武器にする人が合格する

　「英文法」と聞くと、「覚えることが多すぎてめんどくさい」という印象を持つ人は多いのではないでしょうか。定期テストの前に慌てて文法を覚えたのに、テストの後には頭から完全に消えてしまう。模試や入試演習で、英文法が役に立ったという実感がない。そんなふうに感じてしまうこともあるかもしれません。

　しかし、実は**入試の英語で高得点を取る人は例外なく「英文法」を強みにして**います。ロールプレイングゲームに置き換えると、合格する人は「英文法」をラスボス（第１志望）に挑むときの**武器**にしているのです。英文法とは**英文の仕組みを「ルール」としてまとめたもの**です。入試配点のウェイトの多くを占める長文を読み、問題を解くうえでも、英文法が大きな武器になるのです。

「基礎を重視した学習の順番」で理解を深める

　それでは、英文法を合格の武器にするためには何が必要なのでしょうか？　意外かもしれないですが、**「基礎を重視した学習の順番」がキー**になります。本書では、スムーズに知識を積み上げられるように、最も学習効果の高い順番で学んでいきます。**「品詞」→「文型」→「句と節」**と中学レベルの基礎的な知識から**積み上げていく学習順序を取り、一つの知識が後の単元につながるように構成し**ています。くり返しになりますが、中学英語に不安があるのに、いきなり高校英語の難しい文法の問題をやみくもに解いても力はつかないのです。

中学レベルのシンプルな
英文法のルールのおさらいから
スタートしましょう！

2 | 入試傾向が変わっても 英文法からはじめるべき理由。

合格への道は基礎の徹底からはじまる

　近年の大学入試の英語のトレンドとして、文法それ自体を問う問題よりも、長文の読解などがより重視されるようになっています。しかし、いきなり入試レベルの長文をやみくもに読んでも力がつくわけではありません。最近では共通テストの長文数やワード数の増加からか、文法を理解せずに読解の練習ばかりする生徒が増えています。しかし、例えばスーパープレイで脚光を浴びているプロのスポーツ選手が、その裏では地道な基礎練習や体幹トレーニングをしているのをドキュメンタリー番組で観たことがありませんか？　このように、**英語の勉強でも長文重視の試合（入試本番）で得点するためには、基礎の基礎が肝心**なのです。そのスタートに欠かせないのが「文法」と「単語」です。単語と文法の２つの土台が固まると、英語の受験勉強はスムーズに進んでいきます！

「文法力」は読解の要でもある

　ここで土台となる「文法力」について、さらに理解を深めましょう。「文法が正確にわからなくてもざっくり文意がつかめればいい」という話を聞いたことがあるかもしれません。しかし、**入試問題に出題される英文は「研究者の書いた論文」や「時事問題」が中心**で、出題者は「英文を英文法のルールにしたがって読めているか？」を問うてきます。きちんとした文法力を身につけることは文法を直接問う問題のみならず、長文をルールに即して読み解くうえでの武器にもなるのです。

入試が変わっても、
英文法は重要です！

3 | 文法の知識は、インプット＋アウトプットで確実に身につける！

理解した後にはアウトプットすることが重要

　英語が得意になるためには「毎回の達成感」も重要です。予備校で教えていて「先生の授業はよくわかる」と言われるのは嬉しいものです。しかし、実際には「わかるだけではなく、できるようになる」講義が本当に優れた講義と言えます。この本は**左ページで知識の要点と解き方を「インプット」**していき、それを**右ページの演習パートではドリル形式で「アウトプット」**していく構成で、**達成感を得ながら「わかる」と「できる」を両立**していきます。さらに、4択問題だけではなく並び替え・和訳・英作文問題などで、総合力を養うこともできます。

「自己分析タイム」と復習の時間も作ろう

　実力がつく生徒は「自己分析タイム」を大切にしています。問題を解いた時に、「どの問題の解説を特にじっくり読むべきか」に当たりをつけているのです。マル付けをすると、意外な問題で間違えてしまうこともあるでしょう。自信をもって解答できた問題以外は、かならず解答の根拠をたしかめるようにしましょう。本書の演習ページの右下にはチェックリストもあります。ここで**自分が「できるようになったか」を「見える化」**しましょう。別冊の「解答解説」では、文の形が複雑なものには、文構造の解説も入れています。また、**「アウトプット」には「例文の音読」**も含まれます。本書の巻末には、音読用英文の一覧があり、アプリで読み上げ音声も再生できるので、音声を真似して音読もやってみましょう。

ぜひ、問題を解くだけではなく、
知識を定着させる復習法も工夫してください。

4 | 英文の形や感覚をおさえ 英語力の土台を徹底的に固める！

英語は形と感覚をおさえることが重要！

　本書は、**前半では英語の形に関する３大分野（品詞・文型・句と節）を完ぺきにマスターすること**を最優先にしています。これらは英文を読み解くうえでの基礎に相当します。例えば、不定詞の単元は文法への苦手意識が最も生まれやすい単元です。しかし、本書のように「品詞」の理解を最初に行うことで不定詞の理解は容易になります。不定詞とは名詞・形容詞・副詞という品詞が、大きなカタマリになってできたものだからです。その他の単元も**品詞をベースに話を進める**ので、安心してついてきてください。

　その次に重要になってくるのが「英語独特の感覚」です。**後半では時制や助動詞、仮定法など英語独特の感覚が必要な分野を扱っていきます。**授業でも「英語の勉強が楽しくなった」と言われる分野です。例えば日本語を母語にする人は、時制の感覚があいまいです。しかし、**英語圏の人は時系列を明確にイメージしながら話しています。**こうした理解は、意外にも助動詞や仮定法といった単元を学ぶ時にも役立つので、後半でていねいに身につけていきます。

最初の１冊が究極のバネになる

　本書は「入試英文法」のはじめの１冊です。受験指導のプロとして知る限り、**入試で第１志望合格を勝ち取っている生徒は「英文法のスタート」が実に早く、100％内容を消化しています。**本書を使ってはじめの一歩を踏み出した読者は、自分の目標を実現する究極のバネを手に入れられると確信しています。

本書で受験勉強のスタートダッシュをきる
パワーをつけましょう！

教えて！　土岐田先生

Q

苦手な単元だけやるのはダメですか？

文型は学校と塾でもやったので、特に問題なさそうです！　英語が得意な先輩も「苦手なところを重点的にやっておけ」とアドバイスをくれたので、できれば苦手意識のある関係代名詞や分詞の講から勉強しようと思っています。このように単元を飛ばすのは問題があるでしょうか…。

A

最初から順に、この本を
完璧にマスターしてください。

　先輩のアドバイスも、苦手な個所がわずかな時には一理あります。しかし、「得意」や「苦手」は意外とあいまいです。**間違えた問題だけではなく、自分で書けない英文、根拠があやふやな問題、さらには知らない単語を含む例文にも復習する価値があります。**

　塾や予備校などで「当たり前」の知識として授業ではカットされる部分も本書では最初にていねいに扱いました。実際、塾や予備校でも、地味な単元（英語力の土台をつけるうえでは本当は大事な分野）がカットされ、生徒が目からウロコを落としやすいような派手な単元に比重が置かれてしまうことがあります。しかし体系的な知識をつけるためには、最初から取り組むのが得策です。もし先輩のアドバイスを活かすならば、1回目は全ての単元を順番通りに学習していき、2回目には苦手な単元にしぼって復習するとよいでしょう。英語が苦手で本当に得意にしていきたいなら、最初から取り組んでみてください。山登りと一緒で、途中ショートカットせずに登りきった時に見える景色は絶景ですよ。

教えて！ 土岐田先生

Q

英文法の復習って
何をすればいいのですか？

英文法の演習で、前に間違えた問題をまたミスしてしまうことがあるのですが、復習の仕方が悪いのでしょうか。また、良い復習法などあれば教えてください。

A

問題に✓マークをつけるのがオススメです。
例文の音読にも力を入れましょう。

　間違えた問題を復習するだけでも、それなりに効果はありますが、本当にできるようになりたいならば、**問題を解いた時点で自信のない問題にも✓マークをつけたうえで復習すべき**です。そうすると、「間違えた問題」だけではなく、「理解があやふやな問題」が明らかになり、ムラなく理解を深められます。

　また、単元が終わるごとに、**巻末にある「音読用英文の一覧」を声に出して読むことも効果的**です。自己流で読むと間違った発音が身についてしまうおそれがあるので、音声再生アプリを使って**ネイティブの発音を真似しながら読む**ことを強くおすすめします（「音声のご利用方法」はP.08を参照）。ナレーターの後に続いて読む「リピーティング」が、初級者にとって取り組みやすい方法です。最初は本を見ながら行い、慣れてきたら、見ない状態でリピートしてみてください。本書の例文が自分のモノになると、文法力の定着はもちろんのこと、英文の処理速度の向上にもつながります。ぜひ音読を復習に取り入れてみましょう！

教えて！　土岐田先生

Q

**第1志望の大学の入試に文法が出ないなら、
文法はやらなくてもいいのでは？
効率よく長文を中心にやりたいです。**

共通テストの英語リーディングはほぼ長文しか出ないと聞いたので、文法はやらなくてもいいと思っています。第1志望の入試も長文中心で、特に文法の4択問題が出題されるわけではありません。たくさん長文の問題を解いて練習を積むのに時間を充てるためにも、文法の勉強はカットしていいでしょうか…？

A

**長文読解においても文法のルールは必須で、
文法知識を駆使する問題が多数あります。
また、文法はリスニングにも不可欠です。**

　まず、**文法は長文問題を解く時にも力を発揮します。**空所補充では文法知識で解ける問題が多数出題されます。**品詞はもちろん、論理関係を表す接続詞なども要チェックの単元**です。例えば「**接続詞」は読解で重要**なだけでなく、空所補充問題や内容一致問題で解答を導く際にも威力を発揮します。

　さらに、リスニングでも文法は大活躍します。例えば、have O p.p.「Oが〜される／Oを〜してもらう」はリスニングの試験でもピンポイントでよく狙われます。リスニングの試験では、**聞き取った瞬間に音と英文の意味が結びつかないといけません。**例えば、I had my hair cut at the salon. と音声が流れたら、「私は美容室で髪の毛を切ってもらいました」と、使役動詞haveの「（他者に）〜される」という受動の意味を瞬時に浮かべる必要があります。以上のように、いろいろな出題形式で文法の深い理解が求められるのです。

大学入試

KOKOKARA DRILL SERIES
HAJIMERU

土岐田の ここから

はじめる

英文法

ドリル

東進ハイスクール

土岐田健太

01講 文章の要になる名詞を理解する

名詞

▶ ここからはじめる 英文を正しく理解するためには、品詞を理解することが必要です。品詞を学ぶと、単語の役割がわかるようになります。ここでは英文の要になる名詞を学習し、名詞を特定する方法をマスターしましょう。

物の名前を表す詞を「名詞」と言い、名詞にはcomputer「コンピュータ」やdesk「机」など、呼び名があります。名詞の前には冠詞・指示語・数量詞などがつくことが多いです。

POINT 1 「くっつく詞」を見ると、名詞と特定できる

冠詞・指示語・数量詞などの「くっつく詞」があると、その後ろの品詞が名詞と特定できます。

- **my** name（私の名前）
  所有格の代名詞
- **a** book（1冊の本）
  冠詞の a
- **the** computer（そのコンピュータ）
  冠詞の the
- **some** water（水）
  数量詞の some
- **this** school（この学校）
  指示語の this
- **these** machines（これらの機械）
  指示語の these

POINT 2 「大文字」で固有名詞とわかる

人名や**国名・都市名**など「固有名詞」は**大文字**で始まります。この場合、冠詞・指示語・数量詞はつきません。

- Ken（ケン）
  人名

- England（イングランド）
  国名
- Tokyo（東京）
  都市名

例題

1 次の下線部の英単語の品詞と意味を書きなさい。

I need some <u>water</u>.

品詞		意味	

手順1 主語（S）・動詞（V）・目的語（O）を考える

後で扱いますが、英文は主語・動詞・目的語などで成り立っています。この文では、Iが主語、needが動詞です。some waterは動詞のneedに対する目的語になっており、目的語になる品詞は名詞です。

<u>I</u> <u>need</u> <u>some water</u>.
S V   O

 some waterは動詞needの「対象」になっているから、目的語です。

手順2 「くっつく詞」を見て品詞を特定する

ダメ押しをすると、名詞の前に「くっつく詞」である数量詞someがあるので、品詞は「**名詞**」、意味は「**水**」となります。

演習

1 次の下線部の英単語の品詞と意味を書きなさい。

① a notebook　　　② the city　　　③ my hometown

①品詞	②品詞	③品詞
①意味	②意味	③意味

2 次の下線部の英単語の品詞と意味を書きなさい。

① This computer is small.

② I want some milk.

③ My friends are kind.

①品詞	①意味
②品詞	②意味
③品詞	③意味

3 次の和文を英訳しなさい。

① 私の名前はジェーン（Jane）です。

_____

② 私はこのコンピュータを使う。

_____

③ 彼は教科書（textbook）を持っている。

_____

✓ CHECK
01講で学んだこと

□「くっつく詞」から名詞と特定できる
□固有名詞は大文字で始まる
□英文では主語・動詞・目的語などを意識する

TRACK 002

02講　冠詞は名詞に冠としてつく
冠詞

▶ ここからはじめる　英語の冠詞は名詞に冠としてつく詞です。冠詞がわかると、名詞に対する書き手や話し手のとらえ方がつかめるようになります。英語を書いたり、話したりするときの名詞の扱い方がわかるため、しっかりマスターしましょう。

名詞に冠としてつく詞を「**冠詞**」と言います。冠詞がつくと、名詞は「**姿や形が浮かぶ具体性がある物**」だとわかります。冠詞はaとtheの2種類があり、「たくさんある中の1つ」を表す不定冠詞はa、「話し手と聞き手の間で、同じものが浮かぶ」ときに用いるのは定冠詞のtheです。

POINT 1　冠詞のaは「(たくさんある中の)1つ」に使う

冠詞のaは「(たくさんある中の)1つ」です。「聞き手」がはじめて聞く話題に使われます。

- a book（1冊の本）
- a dictionary（1冊の辞書）
- a computer（1台のコンピュータ）
- a smartphone（1台のスマートフォン）
- a textbook（1冊の教科書）
- an umbrella（1本の傘）

a、i、u、e、oの母音の前では、aはanになります。

POINT 2　冠詞のtheは「例のあれ」とわかるときに使う

冠詞のtheは「話し手」と「聞き手」の間で「同じものや人物」が浮かぶときに使います。何を指しているかが明確で、「唯一の物」や「例のあれ」とわかるときの「その」がtheです。

- the sun（太陽）
- the blackboard（その黒板）
- the book（その本）
- the earth（地球）
- the prime minister（総理大臣）
- the answer sheet（解答用紙）

[例][題]

[1] 次の和文の英訳として、正しいものを㋐～㋑から1つ選びなさい。

① 今、何時ですか。

㋐ Do you have time?　㋑ Do you have the time?

①

[手順1] timeの冠詞の有無に着目する

㋐には冠詞がついていないため、概念のtime「時間」とわかります。一方で㋑にはtheがついています。theがつくと「話し手」と「聞き手」の間で同じものが浮かぶので、「時計」の意味になります。

theがつくと「話し手」と「聞き手」の間で同じものが浮かびます。

[手順2] 意味を解釈する

Do you have time? は「時間はありますか」という意味なのに対して、Do you have the time? は「時計を持っていますか」→「今、何時ですか」となり、正解は㋑です。

(演)(習)

1 次の語句を英訳しなさい。

① 1つのカバン ② 1個のリンゴ ③ その腕時計 ④ 太陽

①

②

③

④

2 次の英文を和訳しなさい。

① This is a new textbook.

② Look at the whiteboard.

③ Do you have a watch?

3 次の和文を英訳しなさい。

① これが解答用紙だ。

② 黒板を見なさい。

③ あなたはパスポートを持っていますか。

✔ CHECK
02講で学んだこと

□冠詞のaは「(たくさんある中の)1つ」に使われる
□theは「例のあれ」とわかるときに使う
□Do you have the time?は「今、何時ですか」の意味で使う

21

03講　be動詞は5種類ある

be動詞

▶ ここからはじめる　動詞にはbe動詞と一般動詞があります。be動詞は5種類あり、主語や時制に応じて使い分けが必要です。be動詞を使えると、自己紹介や他者紹介ができるようになります。単複や時制との相性も含め、学習していきます。

am／is／areなど「**である／いる／ある**」を表す動詞を「**be動詞**」と言います。be動詞は主語に応じてI am／You are／He is／She is／It isのように使い分ける必要があります。be動詞は後に名詞や形容詞を置いて、主語とイコール関係でつなぐ役割をします。

POINT 1 be動詞の現在形は am ／ is ／ are の3種類がある

be動詞は主語に応じて使い分けをします。主語がIなら am、he／she／itなどの三人称単数なら is、二人称の you や複数なら are を使います。

| 例文 | I <u>am</u> a high school student.
S　V
訳 私は高校生だ。 |

 I amの短縮形はI'mを使います。

POINT 2 be動詞の過去形は was ／ were の2種類がある

現在時制ならば am ／ is ／ are を使うのですが、過去時制になると単数の主語のときには was、you や複数の主語のときには were を使います。

| 例文 | I <u>was</u> a member of a basketball club in junior high school.
S　V
訳 私は中学校ではバスケ部の一員だった。 |

例題

❶　次の和文を英訳しなさい。

①　私たちは昨年同じクラスにいた。

_____

手順1　主語とbe動詞をセットで考える
「私たち」が主語なので、複数の主語weと一緒に使うbe動詞を考えます。さらに、「昨年〜にいた」から「過去時制」を使うとわかるので、be動詞はwereになります。

手順2　主語と動詞を軸に英文を作る
次に、We wereの後に「同じクラスに」という言葉を加えます。in the same classという表現を使い、最後に「昨年」を表す語句のlast yearを入れて完成です。正解は**We were in the same class last year.** となります。

---

1 次の和文に合うように、英文を完成させなさい。

① 私は高校生だ。

[_____] [_____] a high school student.

② トムは俳優だ。

[_____] [_____] an actor.

③ 彼らは僕の友人だ。

[_____] [_____] my friends.

2 次の英文を和訳しなさい。

① I'm a student at Keio University.

_____

② Jane is my friend.

_____

③ George and Mike are not students at the University of Tokyo.

_____

3 次の和文を英訳しなさい。

① 私は2年前この高校の生徒だった。

_____

② サクラ（Sakura）は私の娘だ。

_____

③ 彼らは東京大学の教授陣だ。

_____

HINT 「教授陣」は「教授たち」と考え、professors とする

✓ CHECK
03講で学んだこと

☐ be動詞の現在形は am ／ is ／ are の3種類がある
☐ be動詞の過去形は was ／ were の2種類がある

04講　一般動詞は「動作動詞」と「状態動詞」がある

一般動詞

TRACK 004

▶ ここからはじめる　動詞は英文の要です。英語では主語が来たら、次に動詞が来るのが原則になっています。S（主語）とV（動詞）の理解を深めると、英文の理解力がグッと上がります。今回はbe動詞以外の動詞である一般動詞を学習します。

be動詞以外の動詞を「一般動詞」と言います。一般動詞には「動作動詞」と「状態動詞」があり、動作動詞は「〜する」という動作を表し、状態動詞は「知っている」のように状態を表します。

POINT 1 「一般動詞」の動作動詞

一般動詞には「〜する」という動作を表す動作動詞があります。

・learn（学ぶ）　　・study（勉強する）　　・read（読む）

POINT 2 「一般動詞」の状態動詞

一般動詞には「知っている」や「持っている」など状態を表す状態動詞があります。

・know（知っている）　　・like（好きである）　　・love（愛している）

例題

1　次の和文を英訳しなさい。

① 私は英語を勉強する。　＿＿＿＿＿＿＿＿＿＿＿＿＿＿＿＿

② 私は英語を勉強しない。　＿＿＿＿＿＿＿＿＿＿＿＿＿＿

③ あなたは英語を勉強しますか。　＿＿＿＿＿＿＿＿＿＿＿

手順1　主語と動詞が何かを考える

まずは主語と動詞を探しましょう。主語は日本語では省略されますが、**英語では基本的に必要です。**

　私は英語を勉強する。　　主語は「私は」で、動詞は「勉強する」です。
　主語　　　　動詞

日本語では動詞が文末に来る一方で、英語は文の頭で〈**主語＋動詞**〉をセットで使います。

手順2　語順を意識して並べる

〈主語＋一般動詞〉のセットを作ると、次に来るのは「何を？」に当たる目的語です。

肯定文は①I study English. となります。

手順3　否定文と疑問文の場合は以下のように作る

②I do not study English. 一般動詞の**否定文**はdoを使い、その後にnotを置きます。

③**Do you study English?** 一般動詞の**疑問文**はdoを文頭につけます。なお、疑問文は文末に？（クエスチョンマーク）をつけ、上げ調子で読みます。

演 習

1 次の和文に合うように、英文を完成させなさい。

① 私は音楽が好きだ。

　　□□□□□□□　□□□□□□□ music.

② 私は音楽が好きではない。

　　□□□□□　□□□□□　□□□□□　□□□□□ music.

③ あなたは音楽が好きですか。

　　□□□□□　□□□□□　□□□□□ music?

2 次の英文を和訳しなさい。

① John reads comic books every day.

_____

② Mike does not belong to a baseball club.

_____

③ Does he live in Osaka?

_____

3 次の和文を英訳しなさい。

① 私は本を毎日読む。

_____

② あなたはサッカー部に所属していますか。

_____

③ 彼女はパスポートを持っていますか。

_____

✔ CHECK
04講で学んだこと

□一般動詞には「動作動詞」と「状態動詞」がある
□一般動詞の否定文はdoを使い、その後にnotを置く
□一般動詞の疑問文はdoを文頭につけ、文末に？をつける

05講　形容詞は名詞を修飾する
形容詞

 TRACK 005

▶ ここからはじめる　形容詞は品詞の中でも最も役割が明確です。形容詞は、名詞に対して詳しい説明を加え、修飾します。文の中でどこに置かれるかを意識しながら学ぶことで、形容詞の役割の理解を深めていきましょう。

「**形容詞**」は**名詞を修飾する**詞です。修飾とは詳しく説明することを言います。形容詞は名詞を限定的に修飾する「**限定用法**」と補足的に説明する「**叙述用法**」があります。そして形容詞は人や物の性質・数・大小や新旧などを伝えます。

POINT 1　形容詞は名詞を詳しく説明する

形容詞は名詞を修飾します。語順は〈冠詞＋形容詞＋名詞〉です。名詞に対して前から限定的な説明をすることを、形容詞の**限定用法**と言います。

例文　Kate is a good student.
🔖訳　ケイトは優秀な学生だ。

POINT 2　形容詞の叙述用法は補足説明

主語や目的語に対して補足的な説明をするものを、形容詞の**叙述用法**と言います。

例文　Kate is beautiful.
　　　S　V　補足説明
🔖訳　ケイトは美しい。

例題

1　次の和文を英訳しなさい。
　　①　私は新しい教科書を持っている。

┃手順1┃ 修飾関係を見抜く
形容詞の「新しい」が「教科書」という**名詞に修飾**を加えています。単数であれば、a new textbook となり、複数ならば new textbooks となります。　〈（冠詞＋）形容詞＋名詞〉の語順です。

┃手順2┃ 主語＋動詞＋目的語の形を作る
私は新しい教科書を持っている→私は 持っている 新しい教科書を　の語順にします。
　主語　　　　　　　　　　動詞　　主語　　動詞　　　　　目的語
I have a new textbook.／I have new textbooks. が正解です。

演 習

1 次の語句を英訳しなさい。

① かっこいい男の人

a ☐ ☐

② 美しい女性

a ☐ ☐

③ 古いカバン

an ☐ ☐

2 次の英文を和訳しなさい。

① This is a wonderful adventure.

_____

② It is an interesting idea.

_____

③ My father tells funny jokes.

_____

3 次の和文を英訳しなさい。

① これは素晴らしい映画だ。

_____

② 鈴木先生（Mr. Suzuki）は興味深い考えを持っている。

_____

③ ジャック（Jack）は面白いジョークを言う。

_____

✔ CHECK
05講で学んだこと

□形容詞は名詞を修飾する
□主語を補足説明するとき、叙述用法と言う

06講　副詞は動詞を修飾する

副詞 1

▶ ここからはじめる　副詞は品詞の中でも特に苦手な人が多いです。実は副詞のネーミングが役割の本質を突いています。本書では、副詞を2回に分けて丁寧に学習します。名は体を表すと言うように、副詞のネーミングから攻めればバッチリ理解できます。

「副詞」は英語ではadverbと言います。ad（加える）＋ verb（動詞）からもわかるように、**動詞に説明を加える**のが副詞の一番重要な役割です。

POINT 1　副詞は動詞を修飾する

副詞は動詞を修飾します。動詞を詳しく説明し、文末に置きます。

> **例文**　She speaks English well.
> 訳　彼女は上手に英語を話す。

POINT 2　副詞には -ly がつくものが多い

形容詞に -ly をつけると、品詞が副詞になります。

- quick（形 早い）→ quickly（副 早く）
- slow（形 遅い）→ slowly（副 ゆっくりと）
- silent（形 黙った）→ silently（副 黙って）
- careful（形 注意深い）→ carefully（副 注意深く）

中には同じスペリングで品詞ちがいの物もあります。

- hard（形 一生懸命な）→ hard（副 一生懸命に）
- fast（形 素早い）→ fast（副 素早く）
- early（形 早い）→ early（副 早く）

---

❶　次の和文を英訳しなさい。
　　① 彼は上手に英語を話す。

_____

- -

手順1　修飾関係を見抜く

彼は上手に英語を話す。　「上手に」が副詞で、動詞の「話す」を修飾します。
主語　副詞　　　　動詞

手順2　副詞は文末に置く

He speaks English well.　一般的な副詞は「文末」に置きます。
主語 動詞　目的語　副詞

1 次の和文に合うように、英文を完成させなさい。

① 文章を黙読してください。

Please read the passage 　　　　　　　　.

② ウィリアムは手紙を注意深く書く。

William writes letters 　　　　　　　　.

③ エリザベスは一生懸命勉強する。

Elizabeth studies 　　　　　　　　.

2 次の英文を和訳しなさい。

① He speaks English fast.

_____

② She walks slowly.

_____

③ George answers questions quickly.

_____

3 次の和文を英訳しなさい。

① 私は早く家に帰る。

_____

② タケシ（Takeshi）は注意深く計画を立てる。

_____

③ ロバート（Robert）は日本語を上手に話す。

_____

✔ CHECK
06講で学んだこと

□副詞は動詞を修飾する
□副詞は -ly がつくものが多い
□同じスペリングで品詞ちがいの語に注意する

07講　副詞は名詞以外の品詞を修飾する

副詞②

▶ ここからはじめる　副詞は動詞を修飾するだけではなく、名詞以外のその他の語句も修飾します。また、形容詞や副詞の強調をし、文全体に彩りを添えることもあります。副詞の修飾関係を学習し、差がつきやすいポイントを中心に攻略していきましょう。

「副詞」は**形容詞・副詞・文全体を修飾**できます。very good「とてもよい」などと副詞 very が形容詞 good を強調することもあれば、文頭に置かれて丸ごと一文を修飾することもあります。

POINT 1 頻度を表す副詞は位置に注意

頻度を表す副詞は**一般動詞の前、be 動詞の後**に置きます。

- always（いつも）　　・ usually（たいてい）　　・ often（よく）　　・ sometimes（時々）

❶ 一般動詞の前に置く例…He always plays soccer.　　訳 彼はいつもサッカーをする。
❷ be 動詞の後に置く例…She is always busy with school.　　訳 彼女はいつも学校で忙しい。

POINT 2 形容詞と副詞の強調をする

この場合、**強調や程度**を表します。形容詞と副詞に「とても」のような強調ができます。

- very important（とても大切な）　　・ pretty good（とてもよい）　　・ so fast（とても速く）

POINT 3 文全体を修飾するときは文頭に置かれる

文全体を修飾するとき、副詞は文頭に置かれます。-ly がつくことも特徴です。

> 例文　Fortunately, I got a perfect score on the test.
> 訳 幸いなことに私は試験で満点を取った。

例題

❶ 次の和文を英訳しなさい。
　① 彼女はよくそのレストランで夕食を食べる。

手順1　修飾関係を見抜く
副詞「よく」が動詞「食べる」を修飾しています。

「食べる」という行為の頻度を表しています。

手順2　副詞の位置関係をチェックする
頻度を表す副詞は**一般動詞の前、be 動詞の後**に置くので、often は has の前に来ます。

　She <u>often</u> has dinner at that restaurant.
　　頻度の副詞

 例題の解答 ❶ ①　She often has dinner at that restaurant.

1 次の和文に合うように、英文を完成させなさい。

① 私はいつも夕食後に宿題をする。

I ⬚ do my homework after dinner.

② それは健康にはとても重要だ。

It is ⬚ important for your health.

③ 驚くべきことに、彼は私の古い友人なのだ。

⬚ , he is an old friend of mine.

2 次の英文を和訳しなさい。

① I sometimes have coffee in the living room.

_____

② It is pretty small.

_____

③ Interestingly, we have a lot of things in common.

_____

HINT in common「共通して」

3 次の和文を英訳しなさい。

① 私はよくそのカフェテリアで昼食を食べる。

_____

② このスマートフォンはとても小さい。

_____

③ 幸いなことに、私には多くの友人がいる。

_____

✔ CHECK
07講で学んだこと

□副詞は名詞以外の品詞を修飾する
□副詞は形容詞、副詞を強調する
□副詞は文全体を修飾することもできる

08講　前置詞は名詞の前に置かれる
前置詞

TRACK 008

▶ ここからはじめる　前置詞は縁の下の力持ちの品詞です。目立たない存在ですが、英語の細かいニュアンスを伝えるうえで重要な役割を担います。また、カタマリとして名詞を修飾する形容詞句と動詞を修飾する副詞句を作ります。

「前置詞」は英語で preposition と言います。「pre（前に）＋ position（置かれるもの）」、つまり**名詞の前に置かれる詞**です。

POINT 1 前置詞は名詞の前に置いて意味を足す

前置詞は名詞の前に置いて、意味を付加します。ちなみに、on は「上に」という意味と思われがちですが、これに限らず、平面上の「接触」のニュアンスを付加する前置詞です。

> 例文
>
> That famous picture is on the wall.
> 　　　　　　　　　　　　　接触
> 訳 その有名な絵画は壁に掛かっている。

POINT 2 代表的な前置詞のイメージを掴む

基本的な前置詞のイメージを、それぞれの特色と共につかみましょう。

- •「1点」の at
  at the station（駅で）
- •「立体空間」の in
  in Tokyo（東京で）
- •「到達点」の to
  to school（学校へ）

POINT 3 「形容詞」と「副詞」のカタマリを作る

前置詞は2種類の**句（phrase）**を作ります。名詞を修飾する形容詞句と動詞を修飾する副詞句です。

- ❶ 形容詞句　a book on the table（テーブルの上の本）　　※名詞を修飾
- ❷ 副詞句　　I live in Tokyo.（私は東京に住んでいる。）　　※動詞を修飾

> 例題
>
> ❶ 次の下線部の句（phrase）の役割を書きなさい。
>
> 　① The dictionary on the desk is Tom's.　　　①[　　　　　　　　　]
>
> -
>
> **手順1** 修飾関係を見抜く
> 修飾関係を見ると、名詞 the dictionary に対して詳しい説明を加えていることがわかります。
>
> **手順2** カタマリに［　　］をつけて役割を特定する
> The dictionary [on the desk]「机の上の辞書」となります。名詞を修飾するのは**形容詞句**です。

演 習

1 次の和文に合うように、英文を完成させなさい。

① 彼は車で仕事に行く。

He drives 　　　　　　　 work.

② ニックはカリフォルニア出身だ。

Nick is 　　　　　　　 California.

③ ドアのそばに知らない人がいる。

There is a stranger 　　　　　　　 the door.

2 次の下線部の句(phrase)の役割を書きなさい。

① a famous picture on the wall

①　　　　　　　　　　 句

② beautiful flowers in this garden

②　　　　　　　　　　 句

③ I always see him at the station.

③　　　　　　　　　　 句

3 次の和文を英訳しなさい。

① これはあなたのための贈り物です。

_____

② 私は友人と一緒に学校へ行く。

_____

③ ジョン(John)は、根は親切だ。

_____

HINT　at heart「根は」

✔ CHECK
08講で学んだこと

□前置詞は名詞の前に置いて意味を足す
□前置詞はイメージをつかむことが重要
□前置詞は形容詞句と副詞句を作る

09講　接続詞は文の中継役
接続詞①

🔊 TRACK 009

▶ ここからはじめる　接続詞は英文の中継役です。文の方向性を決めるのに欠かせないものであり、本講で学ぶ等位接続詞は論理の流れを生み出します。等位接続詞が接続しているのが単語なのか、フレーズなのか、文なのか見極める練習をしましょう。

「接続詞」は英語でconjunctionと言います。con（一緒に）+ junction（結びつけるもの）という名前からもわかるとおり、つなぎ役の品詞です。中でも等位接続詞は**語と語、句と句、節と節**を**対等な関係**で結びます。

POINT 1 等位接続詞は5種類を押さえる

等位接続詞は数が少ないです。並列の and「そして」、選択の or「または」、逆接の but／yet「しかし」、因果の so「だから」、追加の理由の for「というのも～だからだ」のように役割と共に覚えておきましょう。

❶ 並列　and　❷ 選択　or　❸ 逆接　but／yet　❹ 因果　so　❺ 理由　for

💬 〈命令文 + and〉は後ろにプラスの内容、〈命令文 + or〉は後ろにマイナスの内容が来ます。

POINT 2 何と何を対等な関係で結んでいるのかを押さえる

等位接続詞は単語レベルで同じ品詞をつなぐこともあれば、主語と動詞を持つ文同士を結ぶこともあります。

> **例文**　He is kind and intelligent.
> 　　　　　　　　　　　並列
> **訳** 彼は親切で頭もいい。

💬 ここでは形容詞のkindとintelligentが並列関係にありますね。

例題

❶　次の文の 　　　　 に入る最も適切な語を書きなさい。

①　Hurry up, 　　　　　　　　　　 you will be late.

- -

手順1 空所に当てはまる品詞を考える

独立した英文が2つあり、前半は命令文、後半は主語＋動詞の英文になっています。これをつなぐためには等位接続詞が必要なため、前半と後半のつながりを確認します。

手順2 〈命令文 + and／or〉の識別をする

〈命令文 + and ～〉はプラスの内容、〈命令文 + or ～〉はマイナスの内容を表します。後半のyou will be lateから、マイナスの内容とわかり、接続詞はorを使えばOKです。解答は Hurry up, (or) you will be late. となります。

演習

1 次の各文の（　　　）に入る最も適切な語（句）を、下の㋐〜㋔から1つ選びなさい。

① Emily worked really hard this year, (　　　) she passed the entrance examination.

[学習院女子大]

㋐ yet　　　㋑ or　　　㋒ so　　　㋓ for

①

② Study hard, (　　　) you will get a good score on the test.　　　[二松学舎大]

㋐ or　　　㋑ till　　　㋒ but　　　㋓ and

②

2 次の和文の意味を表すように、（　　　）内の語（句）を並べ替えなさい。

① 急ぎなさい。さもなくば遅れてしまいますよ。
(late / hurry / you / up / will / or / be / ,).

_____.

② 私は昨日この本を買ったばかりだけど、私には難しすぎる。
I just bought this book yesterday, (is / difficult / me / too / but / for / it).

I just bought this book yesterday, _____.

3 次の和文を英訳しなさい。

① 彼は帰宅して早く寝た。

_____

② 彼女はとても親切で、いつも私たちの意見に耳を傾ける。

_____

③ ジョージ（George）はとても熱心に働く。だから皆が彼を尊敬している。

_____

✓ CHECK
09講で学んだこと

□ 等位接続詞は5種類を覚える
□ 等位接続詞が何と何を結んでいるのかを理解する
□〈命令文＋and〉と〈命令文＋or〉の区別をする

Chapter
1

品詞 ― 09講 ▼ 接続詞①

10講　従属接続詞はサブ情報を付加する

接続詞 ②

▶ ここからはじめる　従属接続詞は文のメイン（主節）に補足的に理由や条件・時のようなサブ情報をつけ加えることができます。文同士のつながりに気をつけながら、使い方をマスターしましょう。

「従属接続詞」は**理由**、**時**、**条件**などの情報をつけ加え、詳細の説明をすることができます。この接続詞を含む文は原因と結果の関係なのか、条件が提示されているのかなど、読解につながるポイントになりやすいです。

POINT 1　従属接続詞は「理由」からマスターする

従属接続詞は数が多いです。まずは 理由 を表す接続詞の because をマスターしましょう。

> **例文**　I forgot my umbrella at a convenience store <u>because</u> it stopped raining.
> 　　　　　　　　　　　　　　　　　　　　　　　　　　　　理由
> 　**訳** 雨が止んだので、私はコンビニに傘を忘れてしまった。

 becauseの使い方は、接続詞が前半に来る Because SV, SV. と後半に来る SV because SV. の2パターンあります。

POINT 2　接続詞のパターンを押さえる

接続詞は論理や時間に関する表現が中心です。 理由 ・ 譲歩 ・ 時 ・ 条件 などが重要です。

- 理由
because SV ／ since SV ／ as SV「SVなので」

- 譲歩
although SV ／ though SV「SVだけれども」

- 時
when SV「SVするとき」／ as soon as SV「SV次第」

- 条件
if SV「もしSVならば」／ unless SV「SVしない限りは」

例題

❶　次の（　　　）内の語（句）を並べ替え、英文を完成させなさい。

①　I bought the latest（of / because / issue / the fashion magazine / it featured）my favorite brand.

　　I bought the latest ＿＿＿＿＿＿＿＿＿＿＿＿＿＿＿＿＿＿＿＿＿＿ my favorite brand.

- -

手順1　修飾関係をつかむ

the latest「最新の」の後には名詞が続くので、issue of the fashion magazine を書きます。

手順2　接続詞の文構造を決める

it featured はSVですが、**文の途中にSVをつなぐためには、接続詞**が必要です。よって I bought the latest（**issue of the fashion magazine because it featured**）my favorite brand. となります。

例題の解答　❶　①　I bought the latest（issue of the fashion magazine because it featured）my favorite brand.
　　　　　　　　（**訳** 私の一番好きなブランドを扱っていたので、私はそのファッション雑誌の最新号を購入した。）

[演][習]の解答 ➡ 別冊P.11

[演][習]

1 次の各文の(　　　)に入る最も適切な語(句)を、下の㋐～㋓から1つ選びなさい。

① (　　　) many people just download music these days, some people still purchase CDs.
［会津大］

㋐ Although　　㋑ Despite　　㋒ However　　㋓ Unless

①

② (　　　) I hear from you within three days, I will have to postpone our meeting.
［関東学院大］

㋐ While　　㋑ Although　　㋒ Unless　　㋓ Because

②

2 次の和文の意味を表すように、(　　　)内の語(句)を並べ替えなさい。

① 結果が分かり次第、知らせてください。［大阪学院大］
Please (the results / inform / you / me / know / as soon as).

Please ______________________________.

② 高貴な家に生まれついたのであるから、あなたは行儀よくふるまうべきだ。
［西南学院大］
You (born / behave yourself / you / since / should / were / ,) into a noble family.

You ______________________________ into a noble family.

3 次の和文を英訳しなさい。

① ここに来たらすぐに私に知らせてください。

____

② 彼は一生懸命頑張ったので、試験で満点を取った。

____

HINT a full score「満点」

✔ CHECK
10講で学んだこと

□従属接続詞は主節に詳細な説明を加える
□従属接続詞は理由、譲歩、時、条件などを押さえる
□文の途中にSVをつなぐには従属接続詞が必要

11講　第1文型は自動詞がカギ
第1文型

▶ ここからはじめる　第1文型は動詞の中でも自動詞と呼ばれる物が使われ、これがカギになります。中でも、往来や発着に関する動詞と共に使われ、また存在に関する動詞も相性がよく、後ろに来る前置詞とセットで理解を深めたい分野です。

第1文型はS＋V＋場合によってはM（修飾語）で構成される文の型です。この文型を攻略するカギは**自動詞**（後ろに目的語を取らない動詞）です。

1　第1文型は〈自動詞＋前置詞＋名詞〉が多い

第1文型は**自動詞**（後ろに**目的語を取らない動詞**）を使います。後ろには時や場所などを表す〈前置詞＋名詞〉を伴うことが多いです。

例文
I go to school.
S　V　　M
訳 私は学校に行く。

 第1文型は go to ／ come to ／ leave for ／ get to など、往来発着系の動詞と相性がよいです。

2　第1文型は存在系の動詞との相性もよい

第1文型は「**いる／ある**」のように存在系の動詞と相性がよいです。

例文
This user exists in our database.
　　S　　　　V　　　　M
訳 このユーザーはデータベース内に存在する。

例題

❶　次の和文を英訳しなさい。

　　①　ジョージ（George）は仕事に車で行く。（driveを用いて）

　　_____

- -

手順1　日本語の主述関係をつかむ
まず、主語と述語をつかみます。「ジョージは」が主語で「車で行く」が述語です。
　ジョージは仕事に車で行く。
　　主語　　　　　　述語

手順2　drive to を使うと「車で～に行く」の意味になる
「～に行く」と言うとき、徒歩や車などで行くときには on foot や by car を使うこともできます。さらに、walk to「歩いて行く」や drive to「車で行く」を使えると表現がシンプルになります。

1 次の和文の意味を表すように、（　　　）内の語(句)を並べ替えなさい。

① ジェシカは大阪に住んでいる。
（Osaka / in / lives / Jessica）.

_____.

② 彼は仕事に車で行く。
（work / drives / to / he）.

_____.

③ 答えは教育の中にある。
（answer / education / lies / the / in）.

_____.

④ 彼の強みは働き方にある。
（his / lies / his strength / work style / in）.

_____.

2 次の和文を英訳しなさい。

① 私は電車で学校に行く。（go を用いて）

_____

② マイク（Mike）は東京に住んでいる。

_____

③ 彼女の魅力は性格にある。

_____

HINT　charm「魅力」　personality「性格」

✔ CHECK
11講で学んだこと

□第1文型は自動詞の後に〈前置詞＋名詞〉を伴うことが多い
□第1文型は往来発着系や存在系の動詞と相性がよい

Chapter **2**

文型 ― 11講 ▼ 第1文型

12講　第2文型はS＝Cの関係で判断する

第2文型

▶ ここからはじめる　第2文型はSVCと、補語を取る文型です。補語は主語とイコールの関係で結ばれ、どんな人であるか、どんな状態であるかを伝えます。特に第2文型と相性のよい動詞を押さえて、文型の理解を深めましょう。

第2文型は主語（S）と補語（C）がイコールの関係で結ばれます。be動詞はこのイコールで結ぶ役割をする代表格です。ここでは、第2文型と相性のよい動詞も覚えましょう。

POINT 1 第2文型はbe動詞が代表

第2文型はbe動詞のように、主語と補語をイコールで結ぶものが使われます。

例文
I am a student.
S　V　　C
訳 私は学生だ。

S　イコール　C

POINT 2 第2文型では「状態」や「変化」を表す動詞が使われる

第2文型では状態や変化に関する動詞も使われるので、しっかり特徴をつかみましょう。

- become C「Cになる」
- look C「Cに見える」
- sound C「Cに聞こえる」
- get C「Cになる」
- stay C「Cのままだ」
- feel C「Cに感じる」
- turn C「Cになる」
- remain C「Cのままだ」
- seem C「Cに思われる」

例題

1 次の英文の文型を指摘したうえで和訳しなさい。

The student remained silent during the class.

① 文型 [　　　　　　　　　]

② 和訳

手順1 文型を特定する

この文は The student ＝ silent の関係になっています。ここから**第2文型**とわかります。

The student remained silent （during the class）.
　　S　　　　　　V　　　　C　　　　　　M

手順2 remain C「Cのままである」を正確に訳出する

文の構造がつかめたら、動詞の remained の解釈に移ります。-ed の**過去形**があるので、「**Cのままだった**」と訳します。また、during the class は「授業の間ずっと」の意味です。

[演][習]の解答 ➡ 別冊P.13

[演][習]

1 次の各文の(　　　)に入る最も適切な語(句)を、下の㋐〜㋓から1つ選びなさい。

① You really look (　　　) today. ［札幌大］

㋐ happy　㋑ to happy　㋒ at happy　㋓ be happy

①

② The boy (　　　) quiet for his first week at school, and then started talking. ［東京経済大］

㋐ reminded　㋑ was remained　㋒ was reminded　㋓ remained

②

2 次の英文を和訳しなさい。

① British English sounds a little different from American English. ［長崎県立大］

② The new student remained silent during the class discussion. ［大阪歯科大］

3 次の和文を英訳しなさい。

① 彼女はとても悲しそうだ。

② その少年は偉大な科学者になった。

✔ CHECK
12講で学んだこと

□第2文型はS＝Cになる
□第2文型では「状態」と「変化」を表す動詞が使われる

13講　第3文型は他動詞がカギ

第3文型

▶ ここからはじめる　第3文型は具体的な情報を置くのが特徴です。SVOと動詞の後ろに目的語を必要とする文型で、使用頻度は高めです。前置詞を伴う第1文型の自動詞とは対照的に、第3文型では後ろにそのまま目的語を取る動詞が登場します。

第3文型を攻略するカギは他動詞です。他動詞とは「何を／誰を」などの具体的な情報を必要とする動詞です。S ≠ Oの関係で、主語は目的語に対して何らかの影響力を持ちます。

POINT 1　第3文型は後ろに目的語を必要とする他動詞がカギになる

第3文型は他動詞(後ろに目的語を取る動詞)を使います。S ≠ Oの関係です。

> 例文
> I like your hairstyle.
> S V 　　　　O
> 訳 私はあなたの髪形が好きだ。

 I「私」= your hairstyle「あなたの髪形」ではないですね。

POINT 2　他動詞は目的語を取る動詞／自動詞は目的語を取らない動詞

rise(自動詞「上がる」)とraise(他動詞「〜を上げる」)のような似たものに注意しましょう。

> 例文
> He raised his hand, and then the taxi stopped.
> S 他動詞 　O 　　　　　　　S 　　自動詞
> 訳 彼は手を挙げ、タクシーが止まった。

例題

❶　次の和文を英訳しなさい。

　　①　私はサクラと問題を話し合った。(discussを用いて)

 HINT　the matter「問題」

手順1 日本語の主述関係をつかむ

まず、日本語を英語にする際の主語と述語を見つけます。

　　私はサクラと問題を話し合った。
　　主語　　　　　　　　　述語

手順2 discuss は他動詞なので、後ろに目的語を置く

次に、discuss の使い方に着目します。discuss は目的語とセットで使う他動詞です。

　　I discussed the matter (with Sakura).
　　S 　V 　　　 O 　　　　　 M

ここでは the matter が目的語です。with Sakura「サクラと」を加えれば完成です。

例題の解答 ❶ ① I discussed the matter with Sakura.

演習

1 次の和文の意味を表すように、（　　）内の語(句)を並べ替えなさい。

① 私はあなたのメガネが好きだ。
（your / like / I / glasses）.

_____.

② ジェシカは3人子どもがいる。
（kids / has / three / Jessica）.

_____.

③ 質問があれば手を挙げてください。
（please / your hand / raise）if（any questions / have / you）.

_____ if _____.

2 次の和文を英訳しなさい。

① 私はあなたの時計が好きだ。（like を用いて）

_____

② マイク（Mike）は2人子どもがいる。

_____

③ 何か質問はありますか。

_____

④ 私はマイクと計画を話し合った。（discuss を用いて）

_____

✓ CHECK
13講で学んだこと

□他動詞は後ろに目的語を取る
□第3文型はS ≠ Oの関係

14講 第4文型では授与動詞（「与える」系の動詞）が使われる

第4文型

▶ ここからはじめる 第4文型は目的語を2つ取る文型で、「人に物を与える」の意味になるものが中心です。この文型に使われる動詞には授与動詞というものがあります。まずは基本的な知識のみに焦点を当てるので、着実に身につけていきましょう。

第4文型はgiveを代表とする「**与える**」系の動詞を使い、「**O₁にO₂を与える**」という意味を表します。**O₁ ≠ O₂の関係**で、人に物や情報を与える・伝達するといったニュアンスが特徴です。

POINT 1 第4文型は「人に物を与える」系の動詞を使う

第4文型は目的語（O）を2つ（O₁、O₂）取ります。「**O₁にO₂を与える**」という意味です。

> 例文
> He gave me some doughnuts yesterday.
> S　V　O₁　　O₂
> 訳 彼は私に昨日ドーナツをくれた。

 O₁ ≠ O₂の関係があり、1つ目の目的語は人に、そして2つ目の目的語は物になります。

POINT 2 第4文型は「物の授与」や「情報の伝達」に使われる

第4文型では、人に物や情報を与える系の動詞（授与動詞）も使われます。

- send 人 物「人に物を送る」
- tell 人 物「人に物を伝える」
- write 人 物「人に物を書く」
- bring 人 物「人に物を持っていく」

例題

❶ 次の第4文型を第3文型に書き換えなさい。

① He gave me a ring on my birthday.

- -

手順1 SVOO → SVOM のパターンを知る
SVOOの第4文型はSVOMの第3文型に書き換えができます（今回はHe gave a ring 〜と書き換え）。

He gave me a ring on my birthday.　訳 彼は誕生日私に指輪をくれた。
S　V　O₁　O₂　　M

手順2 二者間で行うことが前提の授与動詞では前置詞がtoになる
次に He gave a ring 〜の後ろを考えます。buy「買う」、make「作る」、cook「料理する」など**一人でもできることはfor**を使いますが、**二者の間で行う行為にはto**を使います。

He gave a ring to me on my birthday.
S　V　O　M　　M

例題 の解答 **❶** ① He gave a ring to me on my birthday.

演 習

1 次の和文に合うように、英文を完成させなさい。

① ウェイターが私たちにメニューを持ってきてくれた。　　　　　[法政大]

The waiter ☐☐☐☐☐☐☐ ☐☐☐☐☐☐☐ the menu.

② 元彼が誕生日に私に素敵な指輪をくれたけど、別れたとき妹にそれをあげた。

[駒澤大]

My ex-boyfriend ☐☐☐☐☐☐ ☐☐☐☐☐☐ a nice ring for my birthday,

but I ☐☐☐☐☐☐ it to my sister when we broke up.

2 次の英文を和訳しなさい。

① He sent me a birthday card the other day.

_____

② The man told us an interesting story.

_____

③ The professor gave each student some advice.　　　　　[関西外国語大]

_____

3 次の和文を英訳しなさい。

① 私の兄は昨日私に誕生日プレゼントをくれた。

_____

② その女性は私たちに悲しい話をした。

_____

✔ CHECK
14講で学んだこと

□第4文型では give ／ bring など「授与」系の動詞が使われる
□第4文型では tell ／ write など「情報伝達」系の動詞も使われる

15講　第5文型はO＝Cになる文型
第5文型

TRACK 015

▶ ここからはじめる　第5文型は英文理解のうえでの最重要テーマと言えます。OをCにするという「変化」を表すものから、OがCとわかるのように「認識」に関する表現にも使われます。目的語と補語の間にイコール関係がある点も特徴です。

第5文型は**変化**を表すmake O Cに代表される、「**OをCにする**」が中心です。O＝Cの関係があります。また、**認識**を表すパターンでfind O C「**OがCとわかる**」もあります。

POINT 1　第5文型では変化を表すmake型の「OをCにする」が最重要

第5文型は目的語とイコール関係にある補語を取ります。「**OをCにする**」の意味です。

例文	
The news of her marriage made me happy.	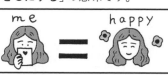
S　　　　　　　　　　　　V　O　C	
訳 彼女の結婚の知らせが私を幸せにした。	

 O＝Cの関係から見抜きます。me＝happy（つまりI am happy. の関係）が成立します。

POINT 2　第5文型では認識を表すfind型の「OがCとわかる」も狙われる

第5文型は**認識**に関するfindもよく使います。find O C「**OがCとわかる**」の意味です。

例文	
I found the book interesting.	
S V　　O　　　　C	
訳 私はその本が面白いとわかった。	

例題

① 次の和文を英訳しなさい。

① 彼女の言葉が私を幸せにした。

_____

- -

手順1 日本語の分析をする

英文では、よく**無生物（人や動物ではないもの）**が主語になります。

彼女の言葉が私を幸せにした。
　主語　　　　　　　　述語

手順2 第5文型の型に当てはめて英訳する

「私＝幸せ」の関係が成立することから**第5文型**の型に当てはめ、make O Cを使います。

Her words made me happy.
　S　　　V　O　C

目的語では代名詞の格変化I／my／me／mineのうち、**目的格のme**を使う点も要注意です。

1 次の和文に合うように、英文を完成させなさい。

① その知らせが彼を悲しくさせた。

The news [　　　　] [　　　　] [　　　　] .

② 彼の名前はアントニオだが人は彼をトニーと呼ぶ。　　　　［聖隷クリストファー大］

His name is Antonio, but people [　　　　] [　　　　] Tony.

2 次の英文を和訳しなさい。

① The news made me angry.

_____

② Her name is Catharine, but people call her Kate.

_____

③ She found the film interesting from beginning to end.　　　　［大阪産業大］

_____

HINT　from beginning to end「最初から最後まで」

3 次の和文を英訳しなさい。

① 彼の言葉によって私は幸せになった。

_____

② 私は彼のことを興味深いと思った。

_____

✓ CHECK
15講で学んだこと

□第5文型では make O C型の「O を C にする」が最重要
□find O C を使った「O が C とわかる」も要チェック
□第5文型では無生物が主語になるパターンもある

16講 受動態は「〜される」を表す

第3文型の受動態

TRACK 016

▶ ここからはじめる　受動態は「…によって〜される」という意味を表します。基本的に英語では能動態（Sが〜する）を使うのですが、受動態には使うべき場面があるのです。ぼかしたいときや視点を変えたいときに使う受動態を身につけましょう。

受動態の文を作りたいときは①目的語を主語にする→②〈be動詞＋過去分詞(p.p.)〉の形で表す→③「〜によって」を明示したいときにはby〜をつけるというプロセスをとります。

POINT 1 能動態を受動態に書き換えるときは視点を変える

能動態が「Sが〜する」なのに対して、受動態は「Sが〜される」と視点を切り替えます。受動態を作るときは〈**be動詞＋過去分詞(p.p.)**〉を使います。

例文

Everyone likes this film.
　　S　　　V　　　O

This film is liked by everyone.

訳 皆がこの映画を好む。

①目的語を主語にする→②〈be動詞＋p.p.〉にする
→③元の主語を強調する場合はby以下で示す

訳 この映画は皆に好まれる。

 肯定文、否定文、疑問文はbe動詞の文と同じ作り方です。

POINT 2 受動態は動作主をぼかしたいときに使う

受動態は**動作主をぼかしたいとき**に使います。**動作主が不明**なときも受動態の使い時です。

例文

This window was broken.
　　　　　　　be + p.p.

訳 この窓は壊された。

 be動詞の過去形は単数の主語のときはwas、youや複数の主語のときはwereを使います。

例題

❶ 次の和文を英訳しなさい。

① この塾（cram school）ではドイツ語（German）は教えられていない。

_____

手順1 受動態の作り方を考える

文の**主語**は「ドイツ語」で**述語**が「教えられていない」です。これをそれぞれ英訳しましょう。

この塾では ドイツ語は 教えられていない 。
　　　　　　　主語　　　　　述語

手順2 受動態の否定文の作り方はbe動詞の文と同じ

受動態の否定文は**be動詞**と同じで、**be動詞**の後に**not**を置きます。

例題の解答 ❶ ① German is not taught at this cram school.

[演][習]

1 次の各文の(　　　)に入る最も適切な語(句)を、下の[ア]〜[エ]から1つ選びなさい。

① It's a big company. Five hundred people (　　　) here. ［江戸川大］

[ア] employ　[イ] are employing　[ウ] are employed　[エ] is employed

①

② Is Italian (　　　) at your school? ［京都産業大］

[ア] taught　[イ] teaches　[ウ] teaching　[エ] to teach

②

2 次の英文を和訳しなさい。

① Italian is taught at this university.

② Italian is not taught at this school.

3 次の和文を英訳しなさい。

① 韓国語(Korean)はこの大学で教えられていますか。

② この本はこのクラスで使われていますか。

③ いつそのコンサートは開催されましたか。

✔ CHECK 16講で学んだこと

□能動態は「Sが〜する」、受動態は「Sが〜される」
□受動態は〈be動詞＋過去分詞(p.p.)〉を使う
□受動態の肯定文、否定文、疑問文の作り方はbe動詞の文と同じ

TRACK
017

17講 目的語が2つある受動態を理解する

第4文型の受動態

▶ ここからはじめる　目的語を主語にするのが受動態を作るときの最初のポイントでしたが、第4文型は目的語が2つあります。つまり、第4文型の受動態を作るときには2通りの受動態ができるということです。

第4文型の受動態はO1を主語にするものとO2を主語にするものの2通りあります。正式なニュースや新聞などでよく用いられる文体で、入試の英文にも登場するものです。

POINT 1 第4文型の受動態を作る方法 1

第4文型では、O1（人など）を主語にして受動態を作ります。

例文

My aunt gave [me] a lovely watch.　訳 私の叔母は [私に] 可愛い時計をくれた。
　S　　V　　O1　　　O2

[I] was given a lovely watch by my aunt.　訳 [私は] 叔母から可愛い時計をもらった。
　S　　V　　　O　　　　　M

POINT 2 第4文型の受動態を作る方法 2

第4文型では、O2（物など）を主語にして受動態を作ることもできます。

例文

A lovely watch was given to me by my aunt.
　主語　　be + p.p.　　　動作主

訳 [可愛い時計] が叔母から私に与えられた。

 「誰に対して（与えたのか）」を示すto を me の前に置きます。

例題

❶　次の日本語の意味を表すように、（　　　）内の語句を並べ替えなさい。

①　2014年にノーベル平和賞がマララ・ユスフザイに授与された。

The Nobel Peace Prize （2014 / awarded / in / to / was / Malala Yousafzai）.

The Nobel Peace Prize _____.

手順1 受動態の作り方に当てはめる
〈be動詞＋p.p.〉の形に当てはめると、「授与された」は was awarded になります。

手順2 O2（物など）が主語に来たときは人の前に to を入れる
O2（物など）が主語に来ているので、受動態では「誰に対して」を表す to を人の前に添え、to Malala Yousafzai とします。最後に年号を入れれば完成です。

1 次の各文の言い換えとして □□□□ に入る最も適切な語を書きなさい。

① 私は昨年母にかわいらしい時計を与えられた。

My mother gave me a lovely watch last year.

= I □□□□□□□□ □□□□□□□□ a lovely watch by my mother last year.

② トロフィーが大会の優勝者に与えられた。

They gave the winner of the competition a trophy.

= A trophy □□□□□□□□ □□□□□□□□ to □□□□□□□□

□□□□□□□□ of the competition.

2 次の和文の意味を表すように、( ) 内の語(句)を並べ替えなさい。

① マザー・テレサはノーベル平和賞を授与された。

Mother Teresa (was / the Nobel Peace Prize / awarded).

Mother Teresa _____.

② 2017年にノーベル文学賞がカズオ・イシグロに授与された。

The Nobel Prize in Literature (awarded / in 2017 / to / was / Kazuo Ishiguro).

The Nobel Prize in Literature _____.

3 次の能動態を2通りの受動態に書き換えなさい。

① They awarded Martin Luther King Jr. the Nobel Peace Prize.

_____

_____

✓ CHECK
17講で学んだこと

□第4文型は2通りの受動態を作る
□物を主語にして「～に」と人を示したい場合、to を人の前に添える

18講　第5文型の受動態は1通り
第5文型の受動態

▶ **ここからはじめる** 第5文型の受動態は第4文型の受動態よりもカンタンです。Oが1つだけなので、受動態も1通りのみになります。その代わり、〈be動詞 + p.p.〉ではない特殊な形もあるので注意しましょう。

第5文型の受動態はSVOCの目的語が1つだけなので、1通りの受動態のみ作れます。目的語を主語に立て、〈be動詞 + p.p.〉の形に当てはめ、C（補語）を添えて完成です。

POINT 1 第5文型の受動態は1通りのみ

第5文型の受動態は**目的語が1つ**しかないため、**1通り**です。

> **例文**
> My friends call me Kate.
> 　　S　　　V　　O　　C
> 訳 私の友人は私をケイトと呼ぶ。
>
> I am called Kate by my friends.
> S　V　　C　　　M
> 訳 私は 友人にケイトと 呼ばれている。

POINT 2 have O p.p. ＝「Oが〜される」「Oを〜してもらう」

第5文型の中には have O p.p.「**Oが〜される**」「**Oを〜してもらう**」という意味になるものもあります。これは「**他者によって〜される**」という受動態に近いので過去分詞を使います。

> **例文**
> I had my laptop stolen yesterday.
> S V 　 O 　　 C 　　　M
> 訳 私は昨日ノートパソコンを盗まれた。

💬 OとCの間には主語と述語の関係があります。私のノートパソコン＝盗まれるの関係です。

例題

1　次の和文を英訳しなさい。

　① 私はお気に入りの時計を盗まれた。（have を用いて）

_____

- -

|手順1| 被害を表すときの have O p.p. を使う
よくあるミスは ＊I was stolen 〜. としてしまうことです。しかし、これは「私」が盗まれたことになってしまい、意味が通じません。**have O p.p.** を使えば「**他者に〜される**」と被害を表せます。

|手順2| SVOCの第5文型はOとCの間に主語と述語の関係がある
「私のお気に入りの時計が盗まれた」という部分は、OCの**主述関係**にあります。このように「他者から〜される」の時は過去分詞を使います。正解は **I had my favorite watch stolen.** です。

演習

1 次の各文の（　　）に入る最も適切な語（句）を、下の㋐〜㋑から1つ選びなさい。

① At the center of the Canadian flag, you will see a red maple leaf, so the flag is often unofficially（　　）"the Maple Leaf."

[広島修道大]

㋐ calling　　㋑ call　　㋒ called　　㋓ calls

HINT maple「楓、メープル」

```
①
```

② I don't want to have my tooth（　　）today because I am just scared.　　[北里大]

㋐ to be pulled　　㋑ be pulled　　㋒ pulled　　㋓ to pull

```
②
```

2 次の和文の意味を表すように、（　　）内の語（句）を並べ替えなさい。

① それは自由の女神と呼ばれている。
It（the Statue of Liberty / called / is）.

It ＿＿＿＿＿＿＿＿＿＿＿＿＿＿＿＿＿＿＿＿＿＿＿＿＿＿＿＿＿＿＿＿.

② 私はお気に入りの財布を盗まれた。
I（stolen / favorite / had / wallet / my）.

I ＿＿＿＿＿＿＿＿＿＿＿＿＿＿＿＿＿＿＿＿＿＿＿＿＿＿＿＿＿＿＿＿.

3 次の和文を英訳しなさい。

① この鳥は英語で何と呼ばれますか。（受動態を用いて）

＿＿＿＿＿＿＿＿＿＿＿＿＿＿＿＿＿＿＿＿＿＿＿＿＿＿＿＿＿＿＿＿

② 私はノートパソコンを盗まれた。（have を用いて）

＿＿＿＿＿＿＿＿＿＿＿＿＿＿＿＿＿＿＿＿＿＿＿＿＿＿＿＿＿＿＿＿

✓ CHECK
18講で学んだこと

□第5文型を能動態→受動態にするパターンは1通り
□第5文型では have O p.p. を使う受け身がある

19講 動名詞は文中で3つの役割がある

動名詞

▶ ここからはじめる　動名詞は動詞を名詞化したものです。動名詞を含む何語かはひとくくりで名詞句（名詞のはたらきをするカタマリ）になります。大きなカタマリとしてとらえる力を養うことが大切です！

動詞を名詞化したものを**動名詞**と言います。形は動詞のVing形を作るだけなので、作り方はシンプルです。動名詞は英文の中で**主語（S）／目的語（O）／補語（C）**の役割をします。

動名詞の役割 1（文の主語になる）

動名詞はVingの形で名詞句を作り、文のS（主語）「〜することは／が」になります。

> | 例文 | Taking **a walk** is good for your health. |
> |---|---|
> | | 　　S |

訳 散歩することは健康によい。

動名詞の役割 2（文の目的語になる）

動名詞は文のO（目的語）になります。動詞の目的語や前置詞の目的語として使われます。

> | 例文 | I like reading **books**. |
> |---|---|
> | | 　　　　O |

訳 私は**本を読むこと**が好きだ。

動名詞の役割 3（文の補語になる）

動名詞は文のC（補語）になります。第2文型を取り、主語とイコールの関係が成立します。

> | 例文 | My hobby is listening **to music**. |
> |---|---|
> | | 　　　　　　C |

訳 私の趣味は**音楽を聴くこと**だ。

例題

❶　次の英文の動名詞が作る名詞句に〈　　　　〉を書いたうえで、和訳しなさい。

　①　I love watching Japanese anime.

_____

手順1 文の構造をつかむ

まずは文型とカタマリの把握が重要です。watching 〜 anime が love の目的語になっています。

I love 〈watching Japanese anime〉.
S　V　　　　　　　O

手順2 動名詞の「〜すること」を意識して和訳する

文構造がつかめたら、動名詞の「日本のアニメを観ること」を目的語として訳出します。

[演][習]の解答 ➡ 別冊P.20

[演][習]

1 次の各文の(　　　)に入る最も適切な語(句)を、下の㋐〜㋓から1つ選びなさい。

① 私の趣味は野生の花の写真を撮ることです。　［大阪学院大］
My hobby is (　　　) pictures of wild flowers.
㋐ take　㋑ took　㋒ taken　㋓ taking

①

② 矢島さんは母の友人の面倒をしばらく見ようと考えている。　［成城大］
Mr. Yajima is considering (　　　) care of his mother's friend for a while.
㋐ take　㋑ to take　㋒ taking　㋓ being taken

②

2 次の英文の動名詞が作る名詞句に〈　　　〉を書いたうえで、和訳しなさい。

① Many young people like reading books on their smartphones.

② Taking a walk is good for your health.

3 次の和文を英訳しなさい。

① 私は劇場で(in the theater)映画を観ることが大好きだ。

② 私の趣味は推理小説(detective stories)を読むことだ。

✔ CHECK
19講で学んだこと

□ 動名詞は動詞をVing形にして作る
□ 動名詞は名詞句を作る
□ 動名詞は文の中で主語／目的語／補語になる

20講 名詞的用法はS／O／Cになる

不定詞 1

🔊 TRACK 020

▶ ここからはじめる 不定詞は〈to＋動詞の原形〉を使い、未来志向（これから起こること）の内容や前向きな内容を表します。不定詞は3つの品詞のカタマリを作る点が重要です。名詞的用法／形容詞的用法／副詞的用法のカタマリをつかむ練習をしましょう。

不定詞の3つの用法のうち、**名詞的用法**は「**〜すること**」という意味で使われ、**主語（S）／目的語（O）／補語（C）**になります。

POINT 1 名詞的用法の役割 1 （文の主語になる）

文の主語になります。主語が長くなりすぎないよう、**形式主語のit**を最初に置くと自然です。

> **例文**
>
> 〈To stay **fit**〉 is important. ⇒ **It** is important 〈to stay **fit**〉.
> 　　　　　　　　　　　　　　　　形式主語　　　　　　　　真主語
>
> 🈂 健康でいることは重要だ。 ⇒ 重要だ。健康でいることが。

POINT 2 名詞的用法の役割 2 （文の目的語になる）

> **例文**
>
> I want 〈to go **abroad**〉. ※「未来志向・プラスのニュアンス」の動詞と相性がよい
>
> 🈂 私は海外に**行くことを**欲する。 ⇒ 私は海外に行きたい。

POINT 3 名詞的用法の役割 3 （文の補語になる）

> **例文**
>
> My dream is 〈to be **a scholar**〉.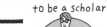
>
> 🈂 私の夢は**学者になること**だ。

例 題

❶ 次の和文の意味を表すように、（　　　）内の語（句）を並べ替えなさい。

① 私はこのイタリアで働く機会を活用したい。 ［学習院大］

I want (this opportunity / take advantage / to / of) to work in Italy.

I want ＿＿＿＿＿＿＿＿＿＿＿＿＿＿＿＿＿＿＿＿＿＿＿ to work in Italy.

- -

手順 1 〈want to＋動詞の原形〉に当てはめる

「〜したい」と未来志向の動詞があるので、wantの後の目的語に〈to＋動詞の原形〉を使います。toの後に動詞の原形のtakeが入ります。

手順 2 take advantage of＋名詞の形を作る

takeの後に何が入るか考え、熟語のtake advantage ofをつなげます。これは「〜を活用する」という意味です。ofは名詞の前に置かれる前置詞なので、後ろには名詞のthis opportunityが続きます。

[演][習]

1 次の各文の(　　　)に入る最も適切な語(句)を、下の㋐〜㋓から1つ選びなさい。

① My dream is (　　　) a lot of sick people in the hospital. ［岩手医科大］

㋐ helped with　　㋑ taking care of　　㋒ to be needed　　㋓ to look after

①

② A: Are you coming to the party next week? ［法政大］

B: (　　　), but I can't. I've got judo practice.

㋐ I'm fond of　　㋑ I'm going to　　㋒ I'd like to　　㋓ I hope to

②

2 次の英文を和訳しなさい。

① It is important for you to prepare carefully for your exams. ［大東文化大］

② I want to buy a new smartphone, but I can't afford to do so. ［亜細亜大］

HINT　can't afford to V「〜する余裕がない」

2 次の和文の意味を表すように、(　　　)内の語(句)を並べ替えなさい。

① 毎日英語を話す練習をすることが大切だ。

(every day / to / important / practice / is / it / speaking English).

______________________________.

② 新しい環境に慣れるためには、柔軟でいることが大切です。 ［摂南大］

In order to get used to new situations, (important / an open mind / to keep / is / it).

In order to get used to new situations, ______________________________.

✔ CHECK
20講で学んだこと

□不定詞の名詞的用法は「〜すること」と訳す
□名詞的用法は主語／目的語／補語になる
□不定詞は未来志向の内容に使われる

21講　形容詞的用法と副詞的用法は品詞の修飾関係がカギ

TRACK 021

不定詞 2

▶ ここからはじめる　ここで紹介する形容詞的用法と副詞的用法はどちらも修飾関係が重要になります。形容詞が名詞を、副詞が名詞以外の品詞を修飾するように、句でも役割の理解がカギです。

形容詞的用法は「〜すべき」「〜するための」の意味で、**名詞を修飾**します。一方、**副詞的用法**は「〜**するために**」と**動詞を修飾**したり、「〜**して**」と**感情系の形容詞を修飾**したりします。

POINT 1 形容詞的用法の役割（名詞を修飾する）

形容詞的用法は名詞を修飾します。「〜する 名詞 」と修飾関係がわかるように訳します。

> 例文　I have something [to tell you].
> 訳 私は**君に伝える**ことがあります。　　※「君に伝えるべき何か」を表す

POINT 2 副詞的用法の役割 1 （動詞を修飾する）

副詞的用法は動詞を修飾します。「〜するために」という目的を表します。

> 例文　I take a walk every day (to stay fit).
> 訳 私は**健康を保つために**毎日散歩をする。

POINT 3 副詞的用法の役割 2 （感情を表す形容詞を補足説明する）

副詞的用法は感情の形容詞を修飾します。「〜して」という感情の補足説明をします。

> 例文　I am glad (to be here).
> 訳 私は**ここにいられて**嬉しい。

例題

1　次の文の（　　　）に入る最も適切な語（句）を、下の㋐〜㋓から1つ選びなさい。　　［松山大］

①　He has a lot of friends（　　　）.

㋐ talk　㋑ to talk　㋒ talk to　㋓ to talk to

①［　　　　　　　］

手順1 修飾関係を把握する

a lot of friends「たくさんの友人」が不定詞が**後ろから修飾する**対象になっています。

手順2 前置詞のつけ忘れに注意をする

talk は自動詞のため、「〜に話しかける」の意味にするには前置詞の to が必要です。

He has a lot of friends [to talk to]. と、talk の後に to を入れた**後置修飾**にします。

[演][習]の解答 ➡ 別冊P.22

[演][習]

1 次の各文の(　　　)に入る最も適切な語(句)を、下の[ア]〜[エ]から1つ選びなさい。

① I study hard every day (　　　) an English teacher.　［新潟医療福祉大］
[ア] be　[イ] for to be　[ウ] to be　[エ] to being

①

② Can I borrow something (　　　)? I don't have a pen.　［岐阜聖徳学園大］
[ア] to write　[イ] to write for　[ウ] to write with　[エ] to write on

②

2 次の英文を和訳しなさい。

① Stay here if you have nothing to do.　［名古屋女子大］

② I'm sorry to hear that.　［慶應義塾大］

3 次の和文の意味を表すように、(　　　)内の語(句)を並べ替えなさい。

① 彼は箱の中に、一袋のチョコレートを見つけて嬉しかった。　［熊本県立大］
Inside the box, (find / to / he / happy / was) a bag of chocolate.

Inside the box, ______________________ a bag of chocolate.

② オーストラリアに住んでいた頃、現地の友人ができたことは英語習得に役立った。［福岡大］
When I lived in Australia, one (way / to learn / good) English was (friends / with / to make) the local people.

When I lived in Australia, one ______________ English was ______________ the local people.

✔ CHECK
21講で学んだこと

□形容詞的用法は名詞を修飾する
□副詞的用法は動詞、感情の形容詞を修飾する

TRACK 022

22講　分詞は形容詞の役割と同じ
分詞1

▶ ここからはじめる　分詞は品詞で言えば、形容詞と同じような役割をし、名詞を修飾することができます。分詞の形には現在分詞と過去分詞があります。それぞれの使い分けをマスターしましょう。

分詞には**現在分詞**と**過去分詞**の2種類があります。現在分詞は「〜している／〜する」と能動的な意味なのに対して、過去分詞(p.p.)は「〜**される**」と受動的な意味があります。

1 現在分詞は能動的に「〜している／〜する」の意味になる

現在分詞は **Ving** の形を使います。名詞それ自体が「(能動的に)〜している／〜する」の意味です。

> **例文**
> the rising sun
> 🔈 **昇っている**太陽→日の出

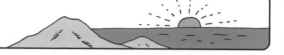

2 過去分詞は受動的または完了的に「〜される／〜した」の意味になる

過去分詞は **p.p.** の形を使います。名詞が他者から「(受動的に)〜される」の意味です。

> **例文**
> a broken watch
> 🔈 **壊された**時計→壊れた時計

 過去分詞は「原因がほかにある」と理解すればOK。「〜した」と完了のような意味になることもあります。

例題

❶　次の和文の意味を表すように、(　　　)内の語(句)を並べ替えなさい。

①　気候変動は地球上のすべての生き物に影響を与えている。
（creatures / all / is affecting / living / climate change / on earth）.

_____ .

手順1 **主語と述語を作る**
主語と**述語**を日本語の中から特定し、英訳します。
　　<u>気候変動</u>は地球上のすべての<u>生き物</u>に<u>影響を与えている</u>。
　　　主語　　　　　　　　　　　　　　　　述語

手順2 **目的語の語順を考える**
目的語となる「地球上のすべての生き物」の語順を考えましょう。「すべて」を表す**限定詞**の all は先頭に来ます。限定詞とは冠詞(a、an など)、所有格(my、your など)や数に関する語(all など)のことです。その後の「生き物」は living creatures です。形容詞と同様に、分詞は名詞の前に来る語順です。正解は **Climate change is affecting all living creatures on earth.** となります。

演 習

1 次の語句を和訳しなさい。

① a broken watch ② the rising sun
③ broken relationships ④ stolen items
⑤ working women ⑥ living things

①

②

③

④

⑤

⑥

2 次の語句を英訳しなさい。

① 壊れたコンピュータ ② すべての生き物
③ 割れたグラス ④ 日の出
⑤ 働く母達 ⑥ 盗まれた情報

① a ② all

③ a ④ the

⑤ ⑥

3 次の和文の意味を表すように、( )内の語(句)を並べ替えなさい。

① すべての生き物は尊い。
（are / things / living / all）precious.

_____ precious.

② その壊れたグラスに触るな。
（the / touch / don't / glass / broken）.

_____ .

✔ CHECK
22講で学んだこと

□分詞は形容詞と同じで名詞を修飾する
□現在分詞(Ving)は「〜している／〜する」と能動的な意味
□過去分詞(p.p.)は「〜される／〜した」と受動的または完了的な意味

23講　後置修飾は長い説明を後回しにする方法
分詞②

▶ ここからはじめる　分詞は前置修飾と後置修飾の2種類の修飾の仕方があります。後置修飾は長い説明を後回しにする方法です。英語は詳しい説明は後回しにするため、マスターしておきましょう。

分詞には**前置修飾**と**後置修飾**があります。**前置修飾は22講**のように、前から名詞を修飾するもので、**後置修飾**は2語以上の語句が名詞を後ろから修飾するものです。

POINT 1 後置修飾は形容詞句として名詞に修飾を加える

後置修飾は名詞に対して、**後ろから修飾**を加えます。2語以上の語句がつくときや、修飾語がほかにつくとき、情報をスッキリさせるために後置修飾が使われるのです。

> 例文　The languages spoken in Canada are English and French.
> 訳　**カナダで話されている**言語は英語とフランス語だ。

POINT 2 後置修飾は句を［　　］でくくり出す

後置修飾があると、慣れないうちは一見すると文構造が複雑に見えます。その際、カッコでくくることで文構造がわかりやすくなります。

> 例文　The man [sleeping on the bench] is my father.
> 訳　[**ベンチで眠っている**]男性は私の父だ。

［　　］でくくると、構造がシンプルに見えます。すると、SVCの第2文型が浮かび上がってきますね。

例題

1　次の文の（　　　）に入る最も適切な語（句）を、下のア〜エから1つ選びなさい。

①　The guy（　　　　　）to us is my best friend.　　　　　　　　　　［神奈川大］

ア waves　　イ waving　　ウ has waved　　エ was waving

①　　　　　　

手順1　文構造をつかむ

主語の範囲は、be動詞isの直前のusまでとわかります。**分詞の後置修飾**です。

The guy [（　　　　　）to us] is my best friend.
　　　　S　　　　　　　　　　　V　　C

手順2　能動と受動を考える

能動の現在分詞「〜している」と**受動**の過去分詞の「〜される」の識別をします。「私たちに手を振っている」と能動で解釈するのが自然なため、現在分詞のイwavingが正解です。

[演][習]の解答 ➡ 別冊P.24

[演][習]

1 次の各文の(　　　)に入る最も適切な語(句)を、下の㋐〜㋓から1つ選びなさい。

① Bob Dylan is one of the world's greatest (　　　) musicians.　［東京工科大］
㋐ alive　㋑ living　㋒ lived　㋓ life

①

② I was surprised to get a letter (　　　) in English.　［東京経済大］
㋐ written　㋑ had written　㋒ writing　㋓ is writing

②

2 次の英文を和訳しなさい。

① Some of the people invited to our wedding reception are from Hawaii.　［拓殖大］

② I read a letter sent to me by an old friend.　［名古屋学院大］

3 次の和文の意味を表すように、(　　　)内の語(句)を並べ替えなさい。

① あなたは英語で書かれた推薦状が必要だ。
(in / need / English / a letter of recommendation / written / you).

______________________________.

② カナダで話されている言語は英語とフランス語だ。
(are / spoken / the languages / English and French / in Canada).

______________________________.

✔ CHECK
23講で学んだこと

□分詞には前置修飾と後置修飾がある
□後置修飾は2語以上の語句が名詞を修飾するときに使われる
□後置修飾は[　　　]でくくると文構造がつかみやすくなる

TRACK 024

24講　分詞構文は文体を変える

分詞構文

▶ここからはじめる　分詞構文は通常SVが続く文章に、彩（いろどり）を添えます。軽く文章をつないだり、文章のスタイルを変えたりすることで読者を飽きさせないようにするためのスタイルです。カタマリとしては副詞句になるので、文全体を修飾します。

分詞構文には**文体を変える効果**があります。分詞構文は作り方がカギですので、作り方と句としての役割を理解しましょう。

POINT 1　分詞構文は文のスタイルを変える役割がある

分詞構文を作る手順は次の通りです。

[例文]
(1)接続詞を取る→(2)主節と共通する主語を取る→(3)Vingにする
As he felt tired, he went to bed early.　[訳] 彼は疲れていたので、早く眠った。
↓ As S'V', SV. の[主語]が共通しているので取る
~~As he~~ felt tired, [he] went to bed early.
↓ 仕上げに動詞をVing形に変化させる
Feeling tired, he went to bed early.　[訳] 彼は**疲れていて**、早く眠った。

接続詞を使うと論理関係が明確になるのに対し、分詞構文を使うと文体に変化が生まれます。

POINT 2　分詞構文の否定文の作り方

分詞構文の否定文を作るときは動詞のVing形の前にnotを置きます。手順は**(1)**接続詞を取る→**(2)**共通するSを取る→**(3)**Not Vingにするという流れです。

[例文]
Not knowing what to write about, I listened to music for a change.
[訳] 何について書いていいか**わからず**、私は気分転換に音楽を聴いた。

[例][題]

1　次の文の（　　　）に入る最も適切な語（句）を、下の㋐〜㋓から1つ選びなさい。
①　（　　　）what to do, I remained silent.　［青山学院大］
㋐ Not knowing　㋑ No knowing　㋒ Don't knowing　㋓ Didn't know

①

[手順1] 接続詞がないので、分詞構文を使う
本来の文はAs I did not know what to do, I remained silent. となりますが、選択肢に**接続詞がない**ため、**分詞構文**を使います。what to doは「何をすべきか」の意味です。

[手順2] 分詞構文の否定文はNot Vingの形を使う
分詞構文の否定文は(1)接続詞を取る→(2)共通する主語を取る→(3)Not Vingと作ります。

[例][題]の解答　**1**　①　㋐　（[訳] 何をすべきかわからなくて、私は黙ったままだった。）

[演][習]の解答 ➡ 別冊P.25

[演][習]

1 次の各文の(　　　)に入る最も適切な語(句)を、下の㋐〜㋓から1つ選びなさい。

① 寂しかったので、私は一番の親友に電話をかけた。　［芝浦工業大］
(　　　) lonely, I made a phone call to my best friend.
㋐ Feeling　㋑ To have felt　㋒ To feel　㋓ Felt

①

② (　　　) what to say, she didn't say anything to him.　［フェリス女学院］
㋐ Having been known　㋑ Not to know
㋒ Not knowing　㋓ Having not knowing

②

2 次の英文を和訳しなさい。

① Not knowing what to do, Maria asked me for help.　［東京電機大］

② Not knowing what to say, she remained silent.

3 次の英文を分詞構文を使って書き換えなさい。

① As she felt lonely, Jessica texted her boyfriend.

✔ CHECK
24講で学んだこと

□分詞構文は文体を変えるときに使われる
□分詞構文は接続詞を取る→共通するSを取る→Vingにする
の手順で書き換える

🔊 TRACK 025

25講　関係代名詞は形容詞節を作る

関係代名詞 1

▶ ここからはじめる　関係代名詞は2つの英文を1つにつなぐ役割があり、接続詞と代名詞の役割を兼任します。また、後置修飾で使われ、名詞を詳しく説明します。関係代名詞で文を作るプロセスを学習していきましょう。

関係代名詞自体は**主語(S)**や**目的語(O)**、**所有格**の代わりをします。節(SVの構造を持つカタマリ)としての役割は**形容詞節**になり、名詞を詳しく説明する役割で使われます。

POINT 1 主格の関係代名詞は主語と接続詞の代役を務める

主格の関係代名詞は**先行詞が人ならばwho[that]**を取り、**先行詞が物ならばthat[which]**を取ります。

[例文] I have a friend who lives in London.
　　　　　先行詞　S'　V'

[訳] 私には**ロンドンに住んでいる**友人がいる。

I have a friend. と He[She] lives in London. を1つにつないでいます。

POINT 2 所有格の関係代名詞は〈whose＋名詞〉のワンセットで使う

所有格の関係代名詞は名詞とセットで使います。所有格は「〜の」という意味を作るため、名詞がないと使えません。**先行詞が人でも物でもwhose**を使うので、使い方はシンプルです。

[例文] I have a friend whose father is a famous professor.
　　　　　先行詞　S'(無冠詞の名詞)　V'

[訳] 私には**お父様が有名な教授である**友人がいる。

[例][題]

1 次の文の(　　　)に入る最も適切な語(句)を、下の㋐〜㋓から1つ選びなさい。

① This lotion is not suitable for (　　　) have sensitive skin.　[東京電機大]

㋐ who　㋑ those who　㋒ people　㋓ those people

①

手順1 直後のareから主格の関係代名詞を使う

be動詞のareの直前に使われるのは**主格の関係代名詞**です。関係代名詞はwhoを使います。

手順2 前置詞のforの後に置ける品詞を特定する

関係代名詞のwhoの前には**先行詞**が入るため、㋐は不適。前置詞forの後には名詞を入れるので、those people whoの形が入ります。「〜する人々」を表すときは**peopleを省略**し、**those who**とするのが定着しています。正解は㋑ **those who**です。

[例][題]の解答　**1**　①　㋑　([訳]このローションは敏感肌の人には向いていない。)

[演][習]

1 次の各文の（　　　）に入る最も適切な語(句)を、下の[ア]～[エ]から1つ選びなさい。

① Isaac Newton is the man (　　　) first explained why apples fall down to the ground. ［大東文化大］

[ア] whom　　[イ] whose　　[ウ] which　　[エ] who

①

② If I search the Internet for my family name, there will be few people (　　　) name is the same as mine. ［芝浦工業大］

[ア] that　　[イ] which　　[ウ] who　　[エ] whose

②

2 次の英文を和訳しなさい。

① My daughter goes to a university whose tuition is high. ［亜細亜大］

____

HINT　tuition「学費」

② The lady whose hat I took by mistake was rather upset. ［國學院大］

____

HINT　upset「怒っている」

3 次の和文の意味を表すように、（　　　）内の語(句)を並べ替えなさい。

① 私には奇妙な体験をした友人がいる。 ［大阪経済大］
I have a (who / a strange / friend / had) experience.

I have a ____ experience.

② 彼はテストで満点を取った生徒だ。
(on / a student / who / is / got / a full score / the test / he).

____.

✔ CHECK
25講で学んだこと

□主格の関係代名詞は人にはwho[that]、物にはthat[which]を使う
□所有格の関係代名詞はwhoseを使う

TRACK 026

26講　目的格の関係代名詞は省略できる

関係代名詞[2]

▶ここからはじめる　関係代名詞には主格や所有格以外に目的格もあります。先行詞が形容詞節のカタマリの中で目的語の役割をするときは目的格の関係代名詞を使います。主格では直後に動詞が来たのに対し、目的格の場合は直後にSVが来るのが特徴です。

目的格の関係代名詞は**省略**できます。また、先行詞の直後がSV ∅と目的語が欠けた形でも意味は伝わります。名詞への修飾がSV ∅の形になっているので、ここから目的語の関係代名詞が省略されていると見抜くことができます。

POINT 1　目的格の関係代名詞は目的語と接続詞の役割を兼ねる

目的格の関係代名詞は**先行詞が人ならばwho[whom]、物ならばthat[which]**を取ります。

例文

This is **the dictionary** [that I was talking about ∅ the other day.]

[訳] これは[**私が先日話していた**]辞書だ。

talk aboutの後のitが関係代名詞のthatに変わり、先行詞の直後に移動しています。

POINT 2　目的格の関係代名詞は省略される

目的格の関係代名詞は**省略**される場合があります。

例文

This is **the book** [省略] [I was talking about in the last lecture].

[訳] これは[**私がこの前の講義で話していた**]本だ。

例題

[1] 次の文の(　　)に入る最も適切な語(句)を、下の㋐〜㋓から1つ選びなさい。

① Global warming is an important issue (　　) we have to discuss more seriously.

[近畿大]

㋐ how　㋑ what　㋒ which　㋓ why

①

手順1 discussは他動詞であることに注目する

discussは**他動詞**なので、後ろに**目的語**を取ります。空所に入る語が**目的語の役割**をします。

手順2 先行詞が物の目的格はwhichを使う

discussの**目的語が欠落**しているので、その代わりをする関係代名詞を考えます。目的格it(an important issue)の代わりできるのは、目的格の関係代名詞㋒ **which**です。

例題の解答 [1] ① ㋒ ([訳]地球温暖化は我々がもっと真剣に話し合わなくてはいけない重要な問題だ。)

[演][習]

1 次の各文の(　　　)に入る最も適切な語(句)を、下の㋐～㋓から1つ選びなさい。

① Australia was the first country (　　　) I visited that summer. ［京都女子大］
㋐ whom　㋑ it　㋒ that　㋓ who

①

② Greece is the country (　　　) I would like to visit more than any other country. ［関西学院大］
㋐ who　㋑ which　㋒ whom　㋓ it

②

2 次の英文を和訳しなさい。

① Rome is the city which I wish to visit this summer vacation. ［摂南大］

② This is the famous museum I visited last year.

3 次の和文の意味を表すように、(　　　)内の語(句)を並べ替えなさい。

① これは私がいつの日か訪れたい国だ。
(visit / I / is / would / a country / like / this / that / to / someday).

② 沖縄から宮崎への飛行機で昨日我々が出会った女性の名前を憶えていますか。［宮崎大］
Do you remember the name of (on the plane / met / we / whom / the woman) from Okinawa to Miyazaki yesterday?

Do you remember the name of ＿＿＿＿＿＿＿＿＿＿ from Okinawa to Miyazaki yesterday?

✔ CHECK
26講で学んだこと

□目的格の関係代名詞は、人ならwho[whom]、物ならthat[which]を使う
□目的格の関係代名詞は省略できる

27講 関係副詞は後ろの形で判断する

関係副詞

▶ ここからはじめる 関係副詞は副詞と接続詞の役割を兼ねています。形容詞節を作り、時、場所、方法、理由を表します。表す意味に応じて使う関係副詞が変わるので、基本的なところからしっかり理解を深めて行きましょう。

関係副詞には**場所**の where ／**時**の when ／**理由**の why ／**方法**の how の4種類あります。先行詞で判断するのではなく、関係副詞の後ろの形に着目すると正しい使い方がわかります。

POINT 1 関係副詞は4種類ある

関係副詞には、以下の4種類があります。

- 場所 there → where
- 時 then → when
- 理由 for this ／ that reason → why
- 方法 in this ／ that way → how

POINT 2 関係副詞は後ろの形が完全文(文として欠けている要素がない形)になる

関係副詞は後ろの形が完全文になります。先行詞が**場所**であるだけではなく、関係詞以下の文で欠けている要素がないことが関係副詞を使う基準です。

> **例文**
> This is **the town** [where I was born].
> **訳** これは[私が生まれた]町だ。

where 以下が文に欠けている要素のない完全文ですね。

―**例題**―

❶ 次の和文の意味を表すように、(　　　)内の語(句)を並べ替えなさい。

① そういうわけで、僕は彼女を尊敬しているのだ。
That's (her / why / respect / I).

That's _____.

- -

手順1 「理由」を表す関係副詞 **why** を使う
That's は That is の**短縮形**です。That's why「そういう理由で」の形で使います。

手順2 関係副詞の後は**完全文**にする
関係副詞の why 以降は**完全文**にします。ここでは SVO の欠けている要素がない文になります。

  That's why I respect her.
          S V   O

ちなみに、That is the reason why という形もありますが、どちらも理由を表し、くどくなってしまうため、the reason は**省略**されるのがふつうです。

[演][習]の解答 ➡ 別冊P.28

[演][習]

1 次の各文の(　　　)に入る最も適切な語(句)を、下の㋐～㋓から1つ選びなさい。

① Barcelona is the city (　　　) I enjoyed staying last summer. [フェリス女学院大]
㋐ those　㋑ where　㋒ which　㋓ while

①

② The 18th century was the period (　　　) Britain had the Industrial Revolution. [東京経済大]
㋐ what　㋑ which　㋒ when　㋓ why

②

2 次の英文の下線部を和訳しなさい。

① <u>This is the famous park where John liked to take a walk with his wife.</u> [愛知学院大]

② Preventing an illness is better than having to cure one. <u>That's why most doctors and nurses nowadays wear masks in hospitals.</u> [関西学院大]

3 次の和文の意味を表すように、(　　　)内の語(句)を並べ替えなさい。

① そういう理由で彼女は海外留学をしたいと思っている。 [関西学院大]
That's (abroad / like / she / study / to / why / would).

That's ＿＿＿＿＿＿＿＿＿＿＿＿＿＿＿＿.

② このようにして私は日本で英語を学んだ。
This is (Japan / English / I / how / learned / in).

This is ＿＿＿＿＿＿＿＿＿＿＿＿＿＿＿＿.

✔ CHECK
27講で学んだこと

□場所はwhere、時はwhen、理由はwhy、方法はhowを使う
□関係副詞の後ろの形は完全文になる

28講　従属接続詞では論理関係をつかむことが重要

TRACK 028

論理関係を表す従属接続詞

▶ ここからはじめる　品詞で学んだ接続詞は、節（SVの構造）のカタマリとしてとらえるときにも重要です。このカタマリで表される因果関係、対比関係、時系列の把握などが、英文を読み解くカギになります。英語を読み書きするときの最重要事項です。

接続詞thatを使った〈**so ＋形容詞／副詞 ＋ that S can't V**〉は「とても～なので…できない」を表し、**因果関係**を表します。〈**so that S can V**〉「Sが～できるように」は**目的**を表します。

POINT 1 〈so 形容詞 that S can't V〉は因果関係「とても～なので…できない」

〈**so ＋形容詞 ＋ that S can't V**〉ではsoが「これほどまでに」という意味を表します。「どれほどなのか」という程度はthat以下で示されるという構文です。

例文	I was **so tired that** I **couldn't finish** it on time.
	訳 私は**とても疲れていたので**、それを時間通りに**終わらせることができなかった**。

 時間通りに終わらせられないほどに（that以下）疲れていた（so tired）ということですね。

POINT 2 while ／ whereas は「～に対して」と物事を対比する

while ／ whereas は「**Aは～なのに対してBは～だ**」と国、文化、人物などを幅広く**対比**できます。

例文	(Whereas most Americans express their opinions freely,)　従属節　※副詞節になる
	S　　　　　　V　　　　O　　　　　　M
	Japanese students tend to be shy in the classroom.　主節
	S　　　　　V　　　C　　　　　M
	訳 ほとんどのアメリカ人は自分の意見を自由に述べるの**に対して**、日本人学生は教室でシャイである傾向がある。

例題

①　次の和文の意味を表すように、（　　　）内の語(句)を並べ替えなさい。

①　私はとても忙しかったので、それを終えることができなかった。
(I / finish / busy / I / so / was / that / couldn't / it).

_____.

手順1　「とても～なので…できなかった」という意味から使う構文に当たりをつける
和文から〈so ＋形容詞 ＋ that〉の構文を使うという当たりをつけます。thatまではI was so busy that ～となります。so busy「これほどまでに忙しい」なので、どれほどなのかthat以下に程度を表す部分が来ます。

手順2　that以下の形は前半の時制に合わせる
和文の「できなかった」から**過去形**を使い、後半もそれに合わせI couldn't finish it. となります。

　例題の解答　**①**　①　(I was so busy that I couldn't finish it).

[演][習]の解答 ➡ 別冊P.29

[演][習]

1 次の各文の(　　　)に入る最も適切な語(句)を、下の㋐〜㋓から1つ選びなさい。

① The donut was so sweet (　　　) I couldn't finish eating it. ［南山大］

㋐ unless　㋑ since　㋒ that　㋓ if

①

② Let's take a plane (　　　) we can get there one hour earlier. ［松本歯科大］

㋐ such as　㋑ so as　㋒ in order　㋓ so that

②

③ Some countries are developed, (　　　) others are developing. ［文教大］

㋐ before　㋑ since　㋒ unless　㋓ while

③

2 次の和文の内容を表すように、(　　　)内の語(句)を並べ替えなさい。

① その講師はとても早口で話したので、話したことを全て書き取るのは不可能だった。 ［京都女子大］

The lecturer spoke (could / down / I / not / quickly / so / that / write) everything he said.

The lecturer spoke ＿＿＿＿＿＿＿＿＿＿＿＿＿＿＿＿ everything he said.

3 次の和文を英訳しなさい。

① デイビッド(David)は奨学金が取れるように一生懸命勉強した。

＿＿＿＿＿＿＿＿＿＿＿＿＿＿＿＿＿＿＿＿＿＿＿＿＿＿＿＿＿＿

HINT　win the scholarship「奨学金を取る」

✔ CHECK 28講で学んだこと

□〈so＋形容詞＋that S can't V〉は「とても〜なので…できない」の意味
□〈so that S can V〉は目的を表す
□while／whereasは対比を表す

29講 間接疑問文は文に組み込まれた疑問文

🔊 TRACK 029

間接疑問文

▶ ここからはじめる　間接疑問文のカギは語順です。疑問詞を使った文は疑問文の語順になるのですが、関接疑問文は文の中に疑問詞が組み込まれるため、その後は通常のSVの語順を取ります。

間接疑問文は語順が〈疑問詞＋SV〉の形で使われます。このカタマリで**名詞節**となり、文の**主語（S）**、**目的語（O）**、そして**補語（C）**になることができます。

POINT 1 間接疑問文は名詞節を作り、文の主語／目的語／補語になる

例文はknowが他動詞なので、後ろの節が目的語になります。

> **例文**
> I don't know 〈when the final paper is due〉.
> S　V　　　　　　　　　O
> 訳 私はいつ期末レポートが締め切りなのかを知らない。

ふつうの疑問文ではWhen is the final paper due? ですが、関接疑問文ではwhenの後がSVの語順となります。

POINT 2 whetherやifは名詞節で使うと「～かどうか」の意味になる

whetherやifも後ろにSVを伴って名詞節を作ることができます。

> **例文**
> I don't know 〈whether she will come to the party or not〉.
> S　V　　　　　　　　　　　O
> 訳 私は彼女がパーティーに来るかどうかは知らない。

例題

1 次の文の（　　）に入る最も適切な語（句）を、下の㋐〜㋓から1つ選びなさい。

① Can you tell me （　　） this train goes to Union Square?　　　　[多摩美術大]

㋐ which　　㋑ what　　㋒ where　　㋓ whether

> ①

手順1 tellから第4文型を作る

この文ではtellから**第4文型**を作ることを推測します。空所以下は目的語Oになる**名詞節**です。

Can you tell me 〈（　　）this train goes to Union Square〉?
　　S　V　O₁　　　　　　　　O₂

手順2 「～かどうか」を表すwhetherを使う

後ろにSVの節が取れ、かつ**名詞節**で「～かどうか」を表すのは㋓ whetherのみです。

[演][習]の解答 ➡ 別冊P.30

[演][習]

1 次の各文の(　　　)に入る最も適切な語(句)を、下の㋐～㋓から1つ選びなさい。

① A fire has caused massive damage to the famed Notre Dame Cathedral. I wonder how long (　　　) to restore it. ［玉川大］

㋐ does it take　㋑ it will take　㋒ will it take　㋓ will take it

①

② (　　　) they can achieve the sales target or not depends on their performance this quarter. ［名城大］

㋐ Though　㋑ Unless　㋒ What　㋓ Whether

②

2 次の英文を和訳しなさい。

① Another idea is to debate whether schools should adopt the use of digital textbooks. ［愛知県立大］

② Do you know when the term paper is due? ［フェリス女学院大］

2 次の和文の意味を表すように、(　　　)内の語(句)を並べ替えなさい。

① この車をスクラップするのにいくらかかるか知っていますか。 ［国士舘大］
Do you know (scrap / it / how / to / much / costs) this car?

Do you know ＿＿＿＿＿＿＿＿＿＿＿＿ this car?

② 問題は彼にそれだけの金が出せるかどうかだ。 ［高知大］
(can / question / is / afford / pay / the / whether / he / to) that much money.

＿＿＿＿＿＿＿＿＿＿＿＿ that much money.

✔ CHECK
29講で学んだこと

- □関節疑問文では節の中身がSVの語順になる
- □関節疑問文は名詞節になる
- □名詞節で使うwhetherとifは「～かどうか」の意味になる

30講 現在形は「基本的にいつもする」

現在形

▶ ここからはじめる　時制は日本語にはない概念で、イメージによる理解が大切な分野です。今回扱う現在時制は今だけではなく、普段からすること（習慣）を表すことができます。現在時制をマスターすると、英作文の力もつきます。

「**基本的にいつもする**」ことを表す時制を「**現在時制**」と言い、この時制では**現在形**を使います。現在形は「習慣」や「基本的な状態」を表すため、「仕事」や「趣味」を伝えるのに使われます。

POINT 1 現在形は「習慣」を表す

現在形は「**基本的にいつもする**」こと（習慣）を表し、現在を中心にその行動や状態が繰り返されることを示します。

> 例文
> I get up at six.
> S V
> 訳 私は6時に起きる。

歯磨き・通学・読書など、普段から決まっている「習慣」を表現するときに便利ですよ。

POINT 2 常に現在形になる動詞

ある一定期間はその状態が変わることがない動詞は、現在形で使います。

- know（知っている）
- love（愛している）
- belong to（に所属している）
- live（住んでいる）
- have（持っている）
- resemble（似ている）

例題

1 次の和文を英訳しなさい。

① 彼女は陸上部に所属している。（belong を使って）

_____

手順1 主語と述語を考える

「彼女は」が主語で「所属している」が述語です。

　　　彼女は陸上部に所属している。
　　　主語　　　　　　述語

手順2 「時制」を決めて英訳する

「所属している」とは「普段から部活動として取り組んでいること」を表します。使う時制は現在時制です。正解は **She belongs to a track and field club.** となります。

[演][習]の解答 ➡ 別冊P.31

[演][習]

1 次の各文の(　　　)に入る最も適切な語(句)を，下の㋐〜㋓から1つ選びなさい。

① My mother (　　　) to church every Sunday.
㋐ go　㋑ goes　㋒ gone　㋓ going

①

② You can't trust that guy. He always (　　　) lies.　[産業能率大]
㋐ speaks　㋑ talks　㋒ calls　㋓ tells

②

③ In theory, water (　　　) at 100℃.　[多摩美術大]
㋐ boil　㋑ boils　㋒ is boiling　㋓ are boiling

③

2 次の英文を和訳しなさい。

① Sam takes the train at 7:15 a.m. every morning.

② Mr. Benedict lives in Los Angeles.

3 次の和文を英訳しなさい。

① 私は普段は自転車で学校に通う。

② 彼はサッカー部に所属している。(belong を使って)

✔ CHECK
30講で学んだこと

□現在形は「基本的にいつもする」ことを表す
□ある一定期間は状態が変わらない動詞は現在形で使う

31講　過去形は「過去の1点」を指す

過去形

TRACK 031

▶ ここからはじめる　過去時制は自分の過去を語ったり、起こった出来事を説明したりするときに使われます。この時制では過去形が使われ、規則動詞と不規則動詞の両方を押さえる必要があるので、英語の活用の定着も重要です。

「**今から切り離されている過去の1点**」を表す時制を「**過去時制**」と言い、この時制では**過去形**が使われます。過去形は基本的には yesterday（昨日）など、過去を表す語句と一緒に使います。

POINT 1　過去形は「過去の1点」を表す

過去形は「**過去の1点**」を表し、今とは切り離されていることが特徴です。

例文	I got up at seven this morning.
	訳 私は今日の朝7時に**起きた**。

POINT 2　過去形は過去を表す語句と一緒に使われる

過去を表す語句は「**副詞句**」と「**副詞節**」があります。文頭につくと文全体を修飾し、文末につくと動詞を修飾します。

例文	We were in the same class last year.
	訳 私たちは昨年同じクラスに**いた**。

 過去を表す副詞句のリストをしっかり押さえておきましょう！

- yesterday（昨日）
- last year（昨年）
- in 1997（1997年に）
- three days ago（3日前）
- last Saturday（この前の土曜日）
- this morning（今朝）

例題

① 次の和文を英訳しなさい。

　① 私は18歳のときにこの大学に入学した。

_____

- -

手順1 主語と述語を決める
私は18歳のときにこの大学に入学した。
　主語　　　　　　　　　　　　　　述語

手順2 「時制」を決めて英訳する
「18歳のとき」という**過去を表す副詞節**や「入学した」という文末から「過去時制」を使うとわかります。正解は **I entered** this university when **I was** eighteen. です。

[演][習]の解答 ➡ 別冊P.32

[演][習]

1 次の各文の(　　　)に入る最も適切な語(句)を，下の㋐～㋓から1つ選びなさい。

① It (　　　) sunny on that day.
㋐ is　　㋑ are　　㋒ were　　㋓ was

①

② Sachiko was still in high school when her novels (　　　) published.　［芝浦工業大］
㋐ has been　　㋑ have been　　㋒ were　　㋓ are

②

③ Jeff left his job and (　　　) an online bookstore after he came back from a cross-country road trip.　［神田外語大］
㋐ starts　　㋑ started　　㋒ has started　　㋓ was started

③

2 次の英文を和訳しなさい。

① Three months ago, I moved to Tokyo.

② Kate returned to New York last month.

3 次の和文を英訳しなさい。

① 私は中学生のときバスケ部に所属していた。

② 私は若い頃、たくさんの書物を読んだ。

HINT　in my youth「若い頃」

✔ CHECK
31講で学んだこと

□過去形は「過去の1点」を指す
□過去形は原則過去を表す語句と使われる

32講　進行形は「〜しているところだ」を表す

進行形

TRACK 032

▶ ここからはじめる　進行形は臨場感をもって「今この瞬間起きていること」を伝えることができます。ここでは「今していること」を表す現在進行形と「過去に瞬間的にしていたこと」を表す過去進行形の2つを学んでいきます。

「今この瞬間、一時的にしている」ことを表す時制を「**現在進行形**」と言います。現在進行形は〈**be動詞＋Ving**〉の形を使います。「今〜しているところだ」という意味です。

POINT 1 現在［過去］進行形は「〜している［していた］ところだ」を表す

現在進行形は「**〜しているところだ**」を表します。今この瞬間の出来事を伝えます。**過去進行形**ではbe動詞が過去形になり、「**〜していたところだ**」を表します。

> **例文**
> Serina is having lunch with her friends now.
> 訳 セリーナは今彼女の友人と昼食を**取っている**。

POINT 2 進行形は「途中」を表す

進行形は「**途中**」のニュアンスで使われ、「**〜しつつある**」の意味も表します。

> **例文**
> A lot of plants and animals are dying in the desert.
> 　　　　　　　　　　　　　　　　生死のはざま
> 訳 多くの植物や動物が砂漠で**死にかけている**。

POINT 3 進行形は「確定的な未来」を表す

進行形は「**確定的な未来**」も表します。未来に向けて行動が動いているイメージで、予定などを示すときにも使えるのです。

> **例文**
> The library is closing in five minutes.
> 訳 図書館は5分後に**閉館します**。

例題

1　次の和文を英訳しなさい。

　① 　私は昨晩あなたが家に来たときお風呂に入っていた。

- -

手順1 **主語と述語に着目し、英文の骨組みを作る**

私は（昨晩あなたが家に来た｜とき｜）お風呂に入っていた。　　主語がIなのでwas takingとする
S　　　　　　S　　　　S　　　　　　　V

過去進行形ではbe動詞の過去形を使います。

手順2 **過去進行形を使って英文を作る**

I was taking a bath when you came to my house last night.
過去進行形　　　　　　　　　　　過去形　　　　　　　過去の語句

[演][習]の解答 → 別冊P.33

[演][習]

1 次の各文の(　　　)に入る最も適切な語(句)を，下の㋐〜㋓から1つ選びなさい。

① I (　　　) the piano when you called me last night. ［広島修道大］

㋐ am playing　　㋑ have played
㋒ was playing　　㋓ have been playing

①

② The poor girl was (　　　) on the sidewalk until a kind lady found her and called an ambulance. ［金城学院大］

㋐ lain　㋑ laying　㋒ lied　㋓ lying

②

2 次の英文を和訳しなさい。

① Serina was having lunch with her friends when I visited her.

② I'm flying out tomorrow morning. ［北里大］

3 次の和文を英訳しなさい。

① 私の兄は電話で話しているところだ。

② トム(Tom)は明日東京に出発する予定だ。(進行形を使って)

✔ CHECK
32講で学んだこと

□現在進行形は〈be動詞＋Ving〉を使う
□過去進行形は〈was／were＋Ving〉を使う
□進行形は「〜している［していた］ところだ」「途中」「確定的な未来」を表す

33講　現在完了形は「今に影響がある」
現在完了形①

▶ ここからはじめる　現在完了形は過去に起こった出来事が今にも影響を与え続けていることを伝えます。この形はいくつかの意味を表せますが、まずは「ずっと〜し続けている」という意味を表す継続用法から見ていきましょう。

「**過去にしたことが今にも影響を及ぼしている**」ことを表す時制を「**現在完了形**」と言います。現在完了形は〈**have ＋過去分詞（p.p.）**〉で表され、主語が三人称単数（he ／ she ／ it ／ who など）ならば三単現の s がつき、have の代わりに has を使います。

POINT 1　現在完了形は〈have ＋過去分詞〉を使う

現在完了形は「**過去にしたことを今も保有していること**」を表します。過去分詞が過去にしたことを表し、have がその状態を「保有している」のです。

> 例文
> I have lived in Tokyo for three years.
> 　　　　　　　 for の後は「期間」
> 訳 私は3年間東京にずっと住んでいる。
>
> 〈3年前〉　〈現在〉

POINT 2　for は「期間」／ since は「以来」を表す

現在完了形には「ずっと〜している」ことを表す**継続用法**があります。この用法は〈**for ＋期間**〉「〜の間」や〈**since ＋過去の語句**〉「〜以来」と相性がよいです。

> 例文
> We have known each other since childhood.
> 　　　　　　　　　　　　 since の後は「起点」
> 訳 我々は子どもの頃からずっとお互いのことを知っている。

疑問文では〈How long ＋ have[has] ＋主語＋過去分詞〜？〉で「どれくらいの間〜？」と聞けます。

　例題

❶ 　AとBがほぼ同じ意味になるように、□□□に最も適切な語を書きなさい。ただし、省略形を使わないこと。

① 　A：It has been about thirty years since Freddie Mercury died.

B：About thirty years □□□□　□□□□　□□□□

Freddie Mercury died.

- -

┃手順1┃ 書き換えのパターンを使う

A：「フレディ・マーキュリーが亡くなってから約30年だ」と同じ内容を「約30年」を主語として書き換えます。この書き換えでは「年月」が**主語**に来ると、**述語**は have[has] passed を使います。

┃手順2┃ since は接続詞として使える

since は**接続詞**として使え、後ろに **S ＋過去形**の形を取ります。

About thirty years have passed since Freddie Mercury died.
　　　年月　　　　現在完了　　接続詞　　 s　　　　 v

[演][習]の解答 ➡ 別冊P.34

[演][習]

1 次の各文の（　　　）に入る最も適切な語(句)を，下の㋐〜㋓から1つ選びなさい。

① He came to Tokyo in 2010 and (　　　) here ever since.　［亜細亜大］
㋐ lived　㋑ lives　㋒ has lived　㋓ was living

①

② It has been about a year since I (　　　) learning the guitar.　［獨協大］
㋐ start　㋑ started　㋒ starting　㋓ had started

②

2 次の英文を和訳しなさい。

① How long have you lived in Japan?

② I have lived in Japan for 10 years.

3 次の和文を英訳しなさい。

① 私たちは子どもの頃からずっとお互いを知っている。（childhoodを使って）

HINT each other「お互い」

② シェイクスピア（Shakespeare）は没後400年以上だ。（passを使って）

HINT more than「以上」

✔ CHECK
33講で学んだこと

□現在完了形は〈have＋過去分詞(p.p.)〉を使う
□主語が3人称単数のときは〈has＋過去分詞(p.p.)〉を使う
□書き換えはパターンで攻略する

34講 現在完了形は3用法がある

現在完了形 ②

TRACK 034

▶ ここからはじめる 現在完了形は継続用法のほかに、経験用法と完了・結果用法があります。それぞれ相性のよい語句やパターンがあるので、しっかりと攻略していきましょう。

経験用法では「過去の体験を経験値として持つ」のに対して、完了・結果用法は「過去の影響を現在への余韻として持つ」イメージで使われます。

POINT 1 現在完了形の経験用法は「〜したことがある」

経験用法は「過去に行った経験を今も保有している」ことを表し、意味は「〜したことがある」になります。相性のよい語句は回数や経験の有無です。「〜したことがない」と言いたいときは〈have[has] + never + 過去分詞〉で表します。

> **例文** I <u>have been to</u> New York twice.
> **訳** 私はニューヨークに2回行ったことがある。

POINT 2 現在完了形の完了・結果用法は「〜したところだ／〜してしまった」

完了・結果用法は「今終わり、その余韻に浸っている」イメージで使われます。意味は「〜したところだ」や「〜してしまった」です。相性のよい語句と共に押さえましょう。

> **例文** My brother <u>has already graduated</u> from university.
> **訳** 私の兄はもうすでに大学を卒業した。

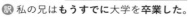

- 肯定文 just「ちょうど」
- 否定文 have[has] not 〜 yet「まだ〜ない」
- 肯定文 already「もうすでに」
- 疑問文 yet「もう」

例題

❶ 次の和文を英訳しなさい。

① あなたはもう宿題は終わりましたか。

┃手順1┃ 日本語の「もう」から用法を特定する
現在完了形の**完了用法**です。疑問文の場合は**文末にyetを置く**ようにします。「宿題をする」はdo one's homeworkなので、ここでは主語のyouに合わせてyourにします。

┃手順2┃ 現在完了形の疑問文の語順で英文を書く
疑問文はyouとhaveがひっくり返り、Have you 〜? の語順になります。doの過去分詞はdoneなので、形を整えれば完成です。正解は**Have you done your homework yet?** です。

演習

1 次の和文に合うように、英文を完成させなさい。

① ホワイトさんはフランスに行ってしまった。　　　　　　　　　[法政大第二高]

Mrs. White [　　　　　] [　　　　　] [　　　　　] France.

② 新しいデパートに行ったことはありますか。　　　　　　　　　[愛知学院大]

[　　　　] [　　　　] [　　　　] [　　　　] the

new department store?

2 次の英文を和訳しなさい。

① I have never eaten breakfast in that shop.　　　　　　　　[東工大附属高]

_____

② I have been to Paris several times.　　　　　　　　　　　　[明大中野高]

_____

3 次の和文の意味を表すように、(　　　)内の語(句)を並べ替えなさい。

① 私は今までこのような面白い本を読んだことがない。
I have (an / book / interesting / never / read / such) as this before.

I have _____ as this before.
HINT　such a[an]「このような」

4 次の和文を英訳しなさい。

① (Do you have any plans for the weekend? に対して)まだ決めてないよ。

_____

② 私たちの先生は一度イギリス(the U.K.)に行ったことがある。

_____

✓ CHECK
34講で学んだこと

□ 経験用法は「～したことがある」
□「～したことがない」は〈have[has] + never + 過去分詞〉
□ 完了・結果用法は「～したところだ」「～してしまった」

35講　過去完了形は「過去の基準点」がポイント

過去完了形

TRACK 035

▶ ここからはじめる　過去完了形は過去の基準点よりも1つ前のことを表す時制のことを言います。頭の中で時系列を整理する力を磨いていきましょう。読解問題でも時系列の順序をつかむ際の手がかりとして重要な文法です。

「過去完了形」は〈had ＋過去分詞（p.p.）〉の形を使います。過去の基準点が設定され、それよりも1つ前の時に何かが完了していることを表します。

POINT 1 〈had ＋過去分詞〉は「過去の基準点」よりも1つ前の出来事を表す

過去完了形は〈had ＋過去分詞（p.p.）〉で表します。過去完了は過去の基準点よりも1つ前のことを表す時制です。

> **例文**
> When I got to the station, the train <u>had already left</u>.
> 訳 私が駅に到着したとき、電車はすでに**出発していた**。

 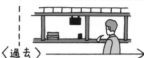 〈過去〉

POINT 2 過去完了進行形は「過去の基準点」までの行為の継続を表す

過去完了進行形は〈**had been ＋ Ving**〉の形を使い、過去の基準点までの行為の継続を表します。

> **例文**
> I <u>had been reading</u> for two hours when my friend came over to my house.
> 訳 私は友人が家に遊びに来たとき、2時間**ずっと読書をしていた**。

 〈過去〉

had been reading は「過去の基準点までずっとしていたこと」を表しています。

例題

1 次の文の（　　　）に入る最も適切な語（句）を、下の㋐～㋓から1つ選びなさい。

①　When I got to the station, the train（　　　）.

　㋐ leaves　　㋑ has left　　㋒ is leaving　　㋓ had left

①［　　　　］

- -

手順1 過去の基準点を発見する

過去の基準点として got があるので、それよりも**1つ前の時制**を表すことを考えます。

手順2 〈**had ＋過去分詞（p.p.）**〉の形に当てはめる

When I got to the station, the train（　　　）.
　　　　 過去の基準点　　　　　　　　　　　　 過去完了形

〈had ＋過去分詞〉の形に当てはめて、正解は㋓の **had left** とわかります。

[演][習]の解答 ➡ 別冊P.36

[演][習]

1 次の各文の(　　　)に入る最も適切な語(句)を，下の㋐〜㋓から1つ選びなさい。

① When I arrived at the station, the train (　　　).　［中村学園大］
㋐ has left　㋑ had left　㋒ is leaving　㋓ would have left

①

② We had reached the restaurant before it (　　　) raining.　［武蔵野美術大］
㋐ starts　㋑ started　㋒ has started　㋓ had started

②

2 次の英文を和訳しなさい。

① Alice had been reading for three hours when Peter knocked at the door.　［日本大］

② He did not see his sister yesterday because she had left before he got to her house.　［神奈川大］

3 次の和文を英訳しなさい。

① 私が学校に着いたとき、もうすでに授業が始まっていた。(getを使って)

② 私が彼の家に着いたとき、誕生日パーティーはすでに始まっていた。(getを使って)

③ 彼女が駅に着く前に、電車は出発していた。(reachを使って)

✔ CHECK
35講で学んだこと

□過去完了形は〈had＋過去分詞(p.p.)〉を使う
□過去完了形は過去の基準点より1つ前の時制を表す
□過去完了進行形は〈had been＋Ving〉の形を使う
□過去完了進行形は過去の基準点までの行為を表す

36講 未来完了形は「過去」または「現在」から未来へのつながりを表す

TRACK 036

未来完了形

▶ ここからはじめる　未来完了形は未来の到達点まで継続的にしていることや完了しているであろうことを表現するときに使われます。相性のよい語句を押さえることが重要な時制です。

「未来完了形」は〈will have ＋過去分詞（p.p.）〉の形を使います。「来年には結婚20周年だ」、「来月には在住2年になる」など、未来の地点における完了時制を表します。

POINT 1　未来完了形は〈will have ＋過去分詞（p.p.）〉を使う

未来完了形は〈will have ＋過去分詞（p.p.）〉で表します。**現在から未来の地点だけではなく、過去から未来の地点まで**、話し手の想定する広いスパンを表し、**継続／経験／完了・結果**用法で使えます。

> 例文　We <u>will have been married</u> for 20 years next year.
> 訳 私たちは来年で20年間**ずっと結婚している**ことになる。

未来完了形でも継続用法では for「間」、経験用法では回数などと相性がよいです。

POINT 2　未来完了形には「未来の基準点」がある

未来完了形は**未来の基準点**があります。基準点までの継続や完了を表現する時制です。

> 例文　By the time you get to the classroom, the lesson <u>will have finished</u>.
> 訳 あなたが教室に着く頃までには、授業は**終わっている**ことだろう。

例題

❶　次の文の（　　　）に入る最も適切な語（句）を、下の㋐〜㋑から1つ選びなさい。

①　If I go to the museum again, I（　　　）it twice this year.

㋐ visit　㋑ visited　㋒ have visited　㋑ will have visited

①

┃手順1┃ 未来の基準点を発見する

未来の基準点を発見し、用法を考えます。回数の表現 **twice** があるので未来完了形の経験用法を使います。

If I <u>go</u> to the museum again, I（　　　）it <u>twice</u> this year.
　時や条件を表す副詞節　　　　　　　　　　　　　　未来における経験回数

┃手順2┃ 未来完了形の形に当てはめる

未来における経験の獲得を表すことから、〈will have ＋過去分詞〉の形に当てはめます。正解は㋑の will have visited です。

　例題の解答　❶　①　㋑　（訳 もしもう一度美術館に行くと、私は今年2回そこに行ったことになるだろう。）

[演][習]の解答 ➡ 別冊P.37

[演][習]

1 次の各文の(　　　)に入る最も適切な語(句)を，下の㋐～㋓から1つ選びなさい。

① Next month, I (　　　) here for five years. ［成城大］

㋐ have lived　㋑ will live　㋒ will have lived　㋓ live

①

② I will (　　　) New York ten times if I go there again this year. ［名城大］

㋐ have been visiting　㋑ be visited　㋒ have visited　㋓ visiting

②

2 次の英文の下線部を和訳しなさい。

① This rain and wind are terrible! I'm sure <u>I will have caught a cold by the time I get home</u>. ［東海大］

② I am hoping that <u>by the end of this month you will have finished your paper</u>. ［法政大］

3 次の和文を英訳しなさい。

① 来年で、私はオーストラリアに2年間住んでいることになるだろう。

② 今週の終わりまでには私は本を書き終えているだろう。

✔ CHECK
36講で学んだこと

□未来完了形は〈will have＋過去分詞(p.p.)〉を使う
□未来完了形は過去から現在、未来までの広いスパンを持つ
□未来完了形は継続／経験／完了・結果用法がある

37講 canの肯定文・否定文・疑問文を作る

TRACK 037

助動詞の can

▶ ここからはじめる　助動詞には話し手のキモチが表れ、英文を読み解くカギになります。助動詞の can もその1つです。can は主観で可能性を表し、日常会話でもよく使われますので、よく覚えておきましょう。

動詞だけでは表現しきれない話し手や書き手のキモチを文につけ加えるものを「**助動詞**」と言います。〈**助動詞＋動詞の原形**〉の形で用い、肯定文や否定文、疑問文やその答えの全てで使われます。

POINT 1 「〜することができる」を表す can

〈can＋動詞の原形〉は「**〜することができる**」を表せます。

| 例文 | I can speak Japanese a little.
訳 私は少し日本語を**話すことができる**。 |

こんにちは。

　can はほかに「〜することがあり得る」「〜してもいい」という意味も表します。

POINT 2 cannot＋動詞の原形は「〜することができない」を表す

否定文では **cannot** や短縮形の **can't** を使います。「**〜することができない**」の意味です。

| 例文 | I can't find my umbrella anywhere.
訳 どこにも僕の傘が**見つけられない**。 |

　cannot はつなげて1語で書くので、要注意です！

例題

❶　次の和文を英訳しなさい。

①　私のプレゼンテーションを手伝ってもらえますか。

_____

┃手順1┃ 「〜してくれますか」は Can you 〜? の依頼を使う

相手に「〜してくれますか」と聞くときには **Can you 〜?** を使います。「〜することはできますか」というニュアンスから「〜しれくれませんか」という意味になります。フランクな依頼に使われます。

┃手順2┃ 〈help 人 with 名詞〉「人の 名詞 を手伝う」の形で使う

助動詞の疑問文では助動詞が先頭に来ます。その後は SV の語順です。〈help 人 with 名詞〉「人の 名詞 を手伝う」の形を押さえておきましょう。with 以下には手伝う内容が入り、正解は **Can you help me with my presentation?** です。ちなみに、受け答えは **Yes, I can.／No, I can't.** を使います。

演 習

1 次の和文に合うように、英文を完成させなさい。

① 君はあまりにも速く走りすぎている。私は君についていけないよ。 ［獨協大］

You're running too fast. I ☐ ☐ up with you.

② たとえどんなに注意を払っても、誤りは起こり得る。 ［名古屋学院大］

Errors ☐ ☐ , even if you pay close attention.

2 次の英文を和訳しなさい。

① I can't find my smartphone anywhere.

_____

② I cannot solve this problem.

_____

3 次の和文を英訳しなさい。

① 私はどこにも自分の辞書が見つけられない。

_____

② 私の宿題を手伝ってもらえますか。

_____

✔ **CHECK**
37講で学んだこと

□ 助動詞は〈助動詞＋動詞の原形〉の形で使う
□ can の否定文では cannot や短縮形の can't を使う
□ 疑問文では Can SV ～? の形を使う

38講 未来を表す表現の will をマスターする

助動詞の will

TRACK
038

▶ ここからはじめる　助動詞の will は未来のことを表せます。これまでの現在形や過去形などとちがい、英語で未来のことを表すときは助動詞の手を借ります。形は〈will ＋動詞の原形〉を取り、主語が単数でも複数でも、後ろは動詞の原形です。

will には2種類の使い方があります。**自分の意志とは無関係**に「〜**するだろう**」という「**単純未来**」と、**自分の意志**で「〜**するつもりだ**」という「**意志未来**」です。

POINT 1 「〜するだろう」を表す will

〈will ＋動詞の原形〉を使うと、「〜**するだろう**」という話し手の意志とは無関係に起こる未来の出来事を表せます。

 例文

The train <u>will leave</u> in fifteen minutes.
訳 電車は15分後に**出発するだろう**。

POINT 2 will not の短縮形は won't を使う

〈will ＋動詞の原形〉は話し手の意志で「〜**するつもりだ**」の意味にもなります。未来を表す語句である tomorrow「明日」や in the future「将来」などと一緒に使います。否定文の will not の短縮形は **won't** を使い、「〜**しないつもりだ**」の意味になります。

 例文

I <u>won't go</u> swimming in the sea **tomorrow**.
訳 私は**明日**海に泳ぎに**行かない予定だ**。

例題

❶　次の下線部を英訳しなさい。

①　A: Will you help me with my homework at cram school tomorrow?
　　B: すみませんが、私は明日家にいるつもりです。

_____

| 手順 1 |　「明日」という部分から未来の意味を表す助動詞を使う
Bの「明日」という語句から、**未来の表現**を使います。なお、Will you 〜? は「〜してくれませんか」の意味で、Aは「明日塾で宿題を手伝ってくれませんか」という意味です。

| 手順 2 |　〈will ＋動詞の原形〉に当てはめて、英文を完成させる
〈will ＋動詞の原形〉のルールに当てはめて、I will stay home tomorrow. とすれば正解です。なお、相手の依頼に対して断るときはI'm sorry, but 〜. と言ってから伝えたほうが丁寧です。

演習

1 次の和文に合うように、英文を完成させなさい。

① 天気予報では明日雨が降るだろうと言っている。

The weather forecast says that it 　　　　　　　　　　　　　　　　　　　　　 tomorrow.

② 我々は普段は夏に休暇を取りに行くのだが、今年はどこも行かない予定だ。 ［東京薬科大］

We usually go on vacation in summer, but this year we 　　　　　　　　　

　　　　　　　　　 anywhere.

2 次の英文を和訳しなさい。

① Will you please give him this package? 　　　　　　　　　　　　 ［大阪学院大］

_____

◌ ◌ ◌
HINT　package「小包」

② Will you go for a walk tomorrow morning? 　　　　　　　　　 ［東京経済大］

_____

③ Unfortunately, Dr. Sakamoto will be on summer holiday and won't be back until
Tuesday, August 30th. 　　　　　　　　　　　　　　　　　 ［駒澤大］

_____

◌ ◌ ◌
HINT　unfortunately「残念ながら」

3 次の和文を英訳しなさい。

① 私は来週家にいるつもりだ。

_____

② 天気予報では明日雨が降らないだろうと言っている。

_____

✔ **CHECK**
38講で学んだこと

☐ 未来の表現は〈will ＋動詞の原形〉の形を使う
☐ will not の短縮形は won't になる
☐ Will you 〜? は「〜してくれませんか」の意味になる

39講 mayの2つの用法をマスターする

助動詞の may

TRACK 039

▶ ここからはじめる　助動詞の may も〈may ＋動詞の原形〉の形で使います。助動詞の中では一番あいまいなニュアンスを持ち、自信がないときや可能性が半々のときに使われます。相手に許可を求めるときにも使われ、語気を和らげる役割があります。

may は主に2種類の使い方があります。50％の可能性を表す「～かもしれない」という「**推量**」と、相手に対してお伺いを立てる「～**してもいい**」という「**許可**」です。

POINT 1 推量「～かもしれない」を表す may

〈**may ＋動詞の原形**〉は話し手の推量で「**～かもしれない**」の意味です。

> 例文　It may be difficult, but I believe you can do it.
> 訳 それは難しい**かもしれない**が、君ならできると思う。

POINT 2 〈May I ＋動詞の原形〉で許可「～してもいいですか」を表す

「～**してもいいですか**」と**許可**を求めるとき〈**May I ＋動詞の原形?**〉を使います。

> 例文　May I have your name, please?
> 訳 お名前を**伺っても**よろしいでしょうか。

 最後に please をつけると、丁寧なニュアンスが出ます。

例題

❶　次の和文を英訳しなさい。

①　新しい職場に慣れるのは苦労するかもしれない。

- -

手順1 「～するかもしれない」は may を使う

「～するかもしれない」では〈may ＋動詞の原形〉を使います。日本語に主語が見つからないときは、主語は一般的な人を表す you を使うと自然です。

手順2 熟語の have a difficult time Ving を使って表現する

「～するのに苦労する」は have a difficult time Ving を使います。また、「～に慣れる」は get used to を使います。to は前置詞なので、後ろには動名詞や名詞を伴います。**You may have a difficult time getting used to a new workplace.** が正解です。

演 習

1 次の和文に合うように、英文を完成させなさい。

① 新しい靴を買ってもいいですか。 ［文京学院大］

☐☐☐ new shoes?

② その患者は長期入院が必要かもしれない。 ［武庫川女子大］

The patient ☐☐ long-term hospitalization.

2 次の英文を和訳しなさい。

① May I try it on?

_____

② You may have a difficult time getting used to a new culture.

_____

3 次の和文を英訳しなさい。

① お名前を伺ってもいいですか。

_____

② 新しい環境に慣れるのには苦労するかもしれない。

_____

HINT environment「環境」

✔ CHECK
39講で学んだこと

☐ may は〈may＋動詞の原形〉の形で使う
☐ may は「〜かもしれない」と「〜してもいい」の意味になる
☐〈May I＋動詞の原形〉は「〜してもいいですか」

40講 mustの3つの用法をマスターする

TRACK 040

助動詞の must

▶ ここからはじめる 助動詞の must も〈must ＋動詞の原形〉の形で使います。肯定文では強い義務・推量に使われ、否定文だと禁止を表します。話者の価値観で義務や禁止を伝えるため、強いメッセージ性を持つことに要注意です。

mustはさまざまな使い方があります。主な意味は「〜しなくてはならない」という「義務」と、確信度合いが強い「〜にちがいない」という「推量」です。

POINT 1 「〜しなくてはならない」「〜にちがいない」を表すmust

〈must ＋動詞の原形〉は義務感を表します。「〜しなくてはならない」の意味です。また、この形で推量「〜にちがいない」も表せます。

> 例文
>
> You must turn off the TV before you go to bed.
> 訳 寝る前にテレビを消さなくてはいけない。

POINT 2 否定文の must not は「強い禁止」を表す

〈must not ＋動詞の原形〉は「〜してはいけない」という強い禁止を表します。

> 例文
>
> You must not use your smartphone here.
> 訳 ここではスマートフォンを使ってはいけない。

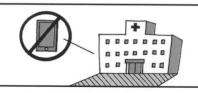

must not は短縮形が mustn't です。発音は［マスント］となります。

例題

 次の和文を英訳しなさい。

① あなたは疲れているにちがいない。

_____

手順1 「〜にちがいない」は〈must ＋動詞の原形〉を使う

「〜にちがいない」は確信度合いの強い推量なので、mustが使われます。

手順2 後ろにbe動詞＋形容詞を使う

次に〈must be ＋形容詞〉の形を使い、「〜（形容詞）であるにちがいない」という意味を表します。よって正解は You must be tired. です。主語と形容詞がイコール関係になるときは、つなぎのbe動詞が必要になるので、押さえておきましょう。

[演][習]の解答 ➡ 別冊P.41

[演][習]

1 次の各文の(　　　)に入る最も適切な語(句)を，下の㋐〜㋓から1つ選びなさい。

① John (　　　) drive his car. He's having wine with his dinner. ［東北福祉大］

㋐ doesn't have to　㋑ will be able to　㋒ mustn't　㋓ couldn't

①

② It's unusual for Max to be this late for our meeting. Something (　　　) be wrong. ［南山大］

㋐ must　㋑ should　㋒ can　㋓ would

②

HINT unusual「珍しい」

2 次の英文を和訳しなさい。

① You must move your car immediately. ［兵庫医療大］

HINT immediately「すぐに」

② We must do something to protect our planet.

HINT our planet「我々の星」→「地球」

3 次の和文を英訳しなさい。

① あなたはお腹が減っているにちがいない。

② あなたは自転車をすぐに動かさないといけない。

✔ CHECK 40講で学んだこと

□ mustは〈must＋動詞の原形〉の形で使う
□ mustは「〜しなくてはならない」と「〜にちがいない」の意味になる
□〈must not＋動詞の原形〉は強い禁止を表す

41講 shouldは提案・助言・推量に使う

助動詞の should

▶ **ここからはじめる** should もこれまでの助動詞同様に〈should＋動詞の原形〉の形で使います。これは提案・助言や推量などに使われ、助動詞の中でも使用頻度が高いものです。

should は「〜すべき」という意味だけではなく、実際には提案・助言の「〜したほうがよい」とオススメにもよく使われます。推量の「〜するはずだ」も重要です。

POINT 1 助動詞の should は提案・助言「〜したほうがよい」を表す

〈should＋動詞の原形〉は「〜したほうがよい」の意味です。

> 例文 You <u>should stay</u> home.
> 訳 あなたは家にいたほうがよい。

 疑問文では〈Should＋主語＋動詞の原形〜？〉という形になります。

POINT 2 should not は「〜すべきではない」を表す

〈should not＋動詞の原形〉は「〜すべきではない」という意味です。短縮形は shouldn't です。

> 例文 You <u>should not chat</u> with your friends in the waiting room.
> 訳 待合室では友達と話すべきではない。

POINT 3 推量の should は「〜するはずだ」という意味になる

推量は「〜するはずだ」という意味で、確実性があまりないときの話者の予想を表します。

> 例文 It <u>should be</u> all right.
> 訳 大丈夫なはずだ。

例題

❶ 次の和文を英訳しなさい。

① あなたは道路を横断するとき注意すべきだ。

_____

手順1 「〜すべきだ」は〈should＋動詞の原形〉を使う

「〜にすべきだ」は**提案・助言**です。助動詞の should を使います。

手順2 形容詞を伴うとき、助動詞＋動詞の原形では be 動詞を使う

「注意すべきだ」は should be careful を使います。後ろには「道路を横断するとき」を加えて、**You should be careful when you cross the street.** が正解です。

1 次の和文に合うように、英文を完成させなさい。

① 彼は30分後かそこらで戻るはずだ。　　　　　　　　　　　　　　［中部大］

He ＿＿＿＿＿＿＿　＿＿＿＿＿＿＿ back in half an hour or so.

HINT　half an hour「1時間の半分」→「30分」

② 私の母は常々私に食べた後すぐに泳ぐべきではないと言う。　　　［南山大］

My mother always tells me that I ＿＿＿＿＿＿＿　＿＿＿＿＿＿＿

＿＿＿＿＿＿＿ immediately after eating.

2 次の英文を和訳しなさい。

① What should I do?

＿＿＿＿＿＿＿＿＿＿＿＿＿＿＿＿＿＿＿＿＿＿＿＿＿＿＿＿＿＿＿＿

② You should be careful when you write things on the Internet.

＿＿＿＿＿＿＿＿＿＿＿＿＿＿＿＿＿＿＿＿＿＿＿＿＿＿＿＿＿＿＿＿

3 次の和文を英訳しなさい。

① あなたは新しいコンピュータを買うべきだ。

＿＿＿＿＿＿＿＿＿＿＿＿＿＿＿＿＿＿＿＿＿＿＿＿＿＿＿＿＿＿＿＿

② SNS（social media）への書き込みには慎重になった方がよい。

＿＿＿＿＿＿＿＿＿＿＿＿＿＿＿＿＿＿＿＿＿＿＿＿＿＿＿＿＿＿＿＿

✓ CHECK
41講で学んだこと

□ should は〈should ＋動詞の原形〉の形で使う
□ should は提案・助言「〜したほうがよい」、推量「〜するはずだ」を表す
□ should not は「〜すべきではない」を表す

42講　仮定法過去は現在時点での想像を表す
仮定法過去

TRACK 042

▶ ここからはじめる　助動詞の過去形を使うと、現実との間にギャップがあることを表すことができます。この助動詞の過去形を使った仮定法過去は頭の中での想像を表し、現実にはあり得ない世界を表せます。

現実にあり得る条件を表す**直説法**と違い、**仮定法過去**は現実には起こり得ない条件を表します。過去形を使うことで現在の現実世界とのギャップを示し、話者の「想像」の話であることが伝えられます。

POINT 1　助動詞の過去形が「仮定法」の目印になる

仮定法過去では頭の中の想像を表す目印として〈**助動詞の過去形＋動詞の原形**〉が使われます。

- would ＋動詞の原形「〜するだろう」　　　　• could ＋動詞の原形「〜できるだろう」

POINT 2　仮定法過去は現在時点での想像を表す

仮定法過去は〈If ＋ S ＋**過去形**〜, S ＋**助動詞の過去形＋動詞の原形** ....〉「もし〜ならば…だろう」を使います。現実と離れていることを伝えるため、現在のことでも形は過去形で表します。

> **例文**
> If I had enough money, I could buy a new laptop computer.
> 　　過去形　　　　　　　助の過去形＋V原形
> **訳** もし十分なお金を**持っていれば**、私は新しいノートパソコンを**買えるだろう**。

 現在のことなのにあえて過去形を使うことで、「現実とのギャップ（現在の事実に反する想像）」を表します。

例題

1　次の2つの英文が直説法（現実にあり得る条件）か、仮定法（話者の想像）か選びなさい。

①　If it rains tomorrow, I will stay home. （直説法 / 仮定法）
②　If I were President, I would create job opportunities. （直説法 / 仮定法）

- -

手順1　**主語の後の「時制」や「助動詞」の形をチェックする**
①は rains や will stay など、時制が過去形になっていません。一方②は be 動詞が**特別な were** になっており、**助動詞の過去形の would** があります。

手順2　**直説法と仮定法を見分ける**
①は**直説法**です。直接法では時や条件を表す副詞節は未来のことでも現在形で表します。主節では未来の文の will が使われています。②は**助動詞の過去形**が目印となり、仮定法とわかります。

　If I were President, I would create job opportunities.　※ be 動詞は were を使う
　　過去形　　　　　　助の過去形＋V原形

演 習

1 次の和文に合うように、英文を完成させなさい。

① もし私に時間とお金がもっとあれば、海外に行くだろう。 ［帝京大］

If I ☐☐☐☐☐ more time and money, I ☐☐☐☐☐ ☐☐☐☐☐ abroad.

② もしお金が少しでもあれば、彼女にいくらか貸すだろうに。 ［文教大］

If I ☐☐☐☐☐ any money, I ☐☐☐☐☐ ☐☐☐☐☐ her some.

2 次の英文を和訳しなさい。

① If her hair were brown, she would look like a completely different person.
［聖隷クリストファー大］

_____

② If I were the prime minister, I would make college free for everyone. ［北里大］

_____

3 次の和文を英訳しなさい。

① もし私がもっとお金を持っていれば、海外留学できるだろうに。

_____

② もし私が大統領ならば、貧しい人のための雇用機会を作るだろう。

_____

✔ CHECK
42講で学んだこと

☐直説法はあり得る話、仮定法はあり得ないことに使う
☐仮定法は助動詞の過去形が目印になる
☐仮定法過去は〈If＋S＋過去形〜, S＋助動詞の過去形＋動詞の原形....〉を使う

Chapter **7**

仮定法 ── 42講 ▼ 仮定法過去

43講 仮定法過去完了は過去の想像を表す

TRACK 043

仮定法過去完了

▶ ここからはじめる 仮定法過去が「現在の事実に反する想像」を表すのに対して、仮定法過去完了は「過去の事実に反する想像」を表します。これは入試問題でも最頻出の事項なので、しっかりモノにしましょう。

仮定法過去完了は過去の出来事を指し、「〜だっただろう」という意味になります。過去に対する反省や後悔を伝えます。

POINT 1 仮定法過去完了は過去に対する「反省」や「後悔」を伝える

仮定法過去完了は〈If + S + **had** + **p.p.** 〜, S + **助動詞の過去形** + **have** + **p.p.** ….〉の形で、「もし〜だったら…しただろうに」と過去に対する**反省**や**後悔**を伝えます。

例文
If I had known about it, I would have told you.
　　　had + p.p.　　　　　　　助の過去形 + have + p.p.
訳 **もし**私がそのことについて**知っていたら**、あなたに**伝えていただろうに**。

「〜できただろう」と可能の意味が入る場合は〈could have + p.p.〉を使います。

POINT 2 仮定法過去完了は仮定法過去より1つ前に時制がズレる

仮定法過去では現在時点での想像に**過去形**を使っているので、過去の想像にはそのさらに1つ「前」であることを示す**過去完了形**を使う、と考えるとわかりやすいです。

図

仮定法過去完了		仮定法過去
＝	←	＝
過去の想像		**現在の想像**

例題

1 次の和文を英訳しなさい。

① もし十分お金を持っていたら、その結婚指輪(the wedding ring)を買えただろうに。

_____

手順1 過去に対する想像から仮定法過去完了を使う

まず**時制**のチェックをします。「もし十分お金を持っていたら〜買えただろうに」という表現から過去に対する想像だとわかります。よって使うのは**仮定法過去完了**です。

手順2 〈If S + **had** + **p.p.** 〜, S + **助動詞の過去形** + **have** + **p.p.** ….〉の形に当てはめる

仮定法過去完了の形に当てはめると〈If I had + p.p. 〜〉となり、2回 had が反復されます。

If I had had enough money, I could have bought the wedding ring.
　　　had + p.p.　　　　　　　　助の過去形 + have + p.p.

後半は「買えただろうに」と「**できる**」の**ニュアンス**が入るため〈could have + p.p.〉を使います。

演習

1 次の和文に合うように、英文を完成させなさい。

① もし私がいくらかお金を持っていたら、その本を買えただろうに。 ［西南学院大］

If I ☐☐☐☐☐☐ some money, I ☐☐☐☐☐

☐☐☐☐☐☐ ☐☐☐☐☐☐ the book.

② もし私たちがタクシーに乗っていたら、電車に乗れただろうに。 ［長崎県立大］

If we ☐☐☐☐☐☐ ☐☐☐☐☐☐ a taxi, we ☐☐☐☐☐

☐☐☐☐☐☐ ☐☐☐☐☐☐ the train.

2 次の英文を和訳しなさい。

① If I had lost weight, I think I could have worn that beautiful dress to the party. ［名城大］

_____

② If I had had the money, I could have bought the latest smartphone. ［日本大］

_____

_____

3 次の和文を英訳しなさい。

① もし十分お金を持っていたら、その電子辞書を買えただろうに。

_____

HINT　e-dictionary「電子辞書」

② もし若いとき一生懸命勉強していたら、私は違う職業を選んでいただろうに。

_____

✔ CHECK
43講で学んだこと

□仮定法過去完了は過去への反省・後悔を表す
□仮定法過去完了は〈If ＋ S ＋ had ＋ p.p. 〜, S ＋助動詞の過去形 ＋ have ＋ p.p.
　....〉を使う
□助動詞の過去形はニュアンスでwould と could を使い分ける

TRACK 044

44講　仮定法未来は2種類ある

仮定法未来

[ここからはじめる] 仮定法未来は話者がどう未来のことをとらえているかを表現します。未来への想定や相手への配慮などを表し、ビジネス英語でも使われるうえに、入試の出題率も高い分野です。

仮定法未来は2種類あります。実現性の極めて低いような突拍子のない想像を表す**were to**を使うものと、話者が実現性を低いととらえていることを表す**should**を使うものです。

POINT 1　were toを使う仮定法未来は未来の実現性の極めて低いことを表す

〈If + S + **were to** + **動詞の原形**～, S + **助動詞の過去形** + **動詞の原形**....〉の形を使うと、実現性の極めて低いことを表します。突拍子のない想像ですが、可能性は完全にゼロではありません。

> [例文] Even if the sun were to rise in the west, I would not go out with him.
> 　　were to + V原形
> [訳] **もし万一**太陽が西から**昇ることがあったとしても**、私は彼と交際**しないだろう**。

to + 動詞の原形は「未来志向」のニュアンスが出るため、未来の意味に使われます。

POINT 2　shouldを使う仮定法未来「万一～ならば」は命令文と相性がよい

〈If + S + **should** + **動詞の原形**, **命令文**.〉は話者が可能性が低いであろうととらえていることに使います。**命令文**と相性がよく、「**万一～ならば…してください**」という意味になります。

> [例文] If you should have any questions, please **feel** free to contact us.
> 　　should + V原形
> [訳] **もし万一**質問が**あったとしたら**、我々に**気軽にご連絡ください**。

[例][題]

[1] 次の文の(　　)に入る最も適切な語(句)を、下の㋐～㋓から1つ選びなさい。

① Even if the sun (　　) rise in the west, he would not change his mind.

㋐ can　㋑ is going to　㋒ might　㋓ were to

①

[手順1] 後半の〈助動詞の過去形＋動詞の原形〉から仮定法と見抜く

後半で〈**助動詞の過去形**＋**動詞の原形**〉が使われています。この時点で仮定法とわかり㋒と㋓まで絞れます。mightは**助動詞の過去形**なため、副詞節ではふつう使われません。

[手順2] if節の中身を仮定法の形に当てはめる

仮定法の形に当てはめると〈If + S + **過去形**〉の形になり、正解は㋓です。「太陽が西から昇ったとしても」は突拍子のない、実現性のほぼゼロの出来事です。were toの「未来志向」から仮定法未来の用法として使われています。

 [例][題]の解答 [1] ① ㋓ ([訳]たとえもし太陽が西から昇ることがあったとしても、彼は考えを変えないだろう。)

演 習

1 次の各文の（　　）に入る最も適切な語（句）を、下の㋐〜㋢から1つ選びなさい。

① If I (　　) a daughter, I would name her Mary after my grandmother.　［東海大］
㋐ have　　㋑ were to have had　　㋒ had had　　㋢ were to have

①

② If you (　　) make a little room for this lady, she could have a seat.　［駒澤大］
㋐ can't　　㋑ were to　　㋒ will not　　㋢ shall

②

③ If such a big storm were to hit the Florida area, it (　　) severe damage to the houses there.　［東京電機大］
㋐ will cause　　㋑ would cause　　㋒ caused　　㋢ had caused

③

2 次の和文の意味を表すように、（　　）内の語（句）を並べ替えなさい。

① もし万一質問があれば、遠慮せず連絡をください。
If (should / any questions / have / you), please do not hesitate to contact us.

If ＿＿＿＿＿＿＿＿＿＿＿＿＿＿＿＿, please do not hesitate to contact us.

② もし万一太陽が西から昇ることがあったとしても、私は彼とはデートしないだろう。
Even if (rise / in the west / were to / the sun), I would not go out with him.

Even if ＿＿＿＿＿＿＿＿＿＿＿＿＿＿, I would not go out with him.

3 次の和文を英訳しなさい。

① もし万一質問があれば、手を挙げてください。

＿＿＿＿＿＿＿＿＿＿＿＿＿＿＿＿＿＿

✓ CHECK 44講で学んだこと

□ were to を使う仮定法未来は極めて実現性の低いことを表す
□ should を使う仮定法未来は「万一〜ならば」を表し、命令文と相性がよい

45講　倒置は文体の変化に使われる

TRACK 045

仮定法の倒置

▶ ここからはじめる　倒置は文体に変化をもたらすため、読み手にインパクトを与えます。SVを基本とする英文の語順が突然入れ替わると、読み手も一瞬立ち止まって変化を感じ取るのです。倒置の作り方をマスターしましょう。

仮定法の倒置では接続詞のifを取ったうえで、英語の主語と動詞を入れ替えるという**文体変化**が起こり、疑問文のような語順になるため、文の内容に読者を注目させる効果があります。

POINT 1　仮定法過去の倒置の作り方

仮定法過去では倒置を作るとき、ifを取り、主語と動詞の位置を入れ替えます。

例文

If I were in your position, I would not accept the offer.

[手順1] ifを取る　[手順2] Iとwereを倒置させる

Were I in your position, I would not accept the offer.

[訳] **もし**私があなたの立場**なら**、その申し出を**受け入れないだろう**。

POINT 2　仮定法過去完了の倒置の作り方

仮定法過去完了の場合、ifを取り、その直後のSとhadを倒置させます。

例文

Had I known you were in the studio, I would have come to see you.

If I had known（元の形）

[訳] **もし**私はあなたがスタジオにいると**知っていたら**、あなたに会いに**来ただろう**。

仮定法未来の倒置では、ifを取り、主語とshould、もしくは主語とwereの位置を入れ替えます。

[例][題]

[1]　次の文の（　　　）に入る最も適切な語（句）を、下の㋐～㋓から1つ選びなさい。

①　（　　　）I in your position, I would decline the offer.

㋐ Had　　㋑ If　　㋒ Should　　㋓ Were

①

[手順1] **主節の〈助動詞の過去形＋動詞の原形〉から仮定法過去と見抜く**

主節のI would decline the offer.「申し出を断るだろう」が**〈助動詞の過去形＋動詞の原形〉**になっており、**仮定法過去**の英文とわかります。

[手順2] **副詞節にifが使えないので、「倒置」を使う**

㋑Ifを入れても文が成立しないため、作る形はifなしでも使える**倒置**の形です。If I were ～を倒置させるときは接続詞のifを取り、Iとwereを入れ替えます。正解は㋓です。

 [例][題]の解答　[1]　①　㋓　（[訳]もしあなたの立場なら、その申し出を断るだろう。）

演 習

1 次の各文の( )に入る最も適切な語(句)を、下の㋐〜㋓から1つ選びなさい。

① ( ) I in your place, I would do it right away. ［杏林大］
　㋐ If 　㋑ Am 　㋒ Were 　㋓ Be

　┌─────────┐
　│ ① 　　　　　　　　　│
　└─────────┘

② ( ) known you were in the hospital, I would have come to see you. ［駒澤大］
　㋐ Had I 　㋑ Having been 　㋒ Should I 　㋓ Were I

　┌─────────┐
　│ ② 　　　　　　　　　│
　└─────────┘

2 次の英文を倒置の英文に書き換えなさい。

① If you should have any questions, please contact us by e-mail.

_____

② If I had left five minutes earlier, I could have caught the train.

_____

3 次の和文の意味を表すように、( )内の語(句)を並べ替えなさい。

① もし故郷に戻っていると知っていたら、あなたに会いに来ただろうに。
　(known / I / had) you were back in our hometown, (to / come / would / you / see / I / have).

　_____ you were back in our hometown, _____.

② ええと、もし私があなたの立場ならば、彼に助けを求めるだろう。 ［跡見学園女子大］
　Well, (your / were / in / I) place, I would ask him for help.

　Well, _____ place, I would ask him for help.

✔ CHECK
45講で学んだこと

□倒置は文体を変える
□倒置の語順は疑問文と同じになる

46講　比較級の活用や作り方を押さえる
比較級の作り方

▶ ここからはじめる　比較級は品詞で言えば、形容詞や副詞の発展分野です。形容詞に-erをつけることで何かを比べることができるようになります。まずは比較級や最上級の作り方を確認し、形容詞や副詞をどのように変化させるのかを理解しましょう。

「より高い」や「より大きい」など、あるものを比べるときは**比較級**を作り、ふつうは**-er**をつけて表現します。**語尾**や**音節**によって比較級の作り方が異なるので、丁寧に確認しましょう。また、ほかにも原級や最上級もあるので、あわせて押さえましょう。

POINT 1　原級・比較級・最上級とは何か？

比較は物事を比べるときに使います。形容詞・副詞の元の形を**原級**、二者間でより程度が高いことを表す形を**比較級**、三者以上で最も程度が高いことを表す形を**最上級**と言います。

> 例文
> ❶ ふつうは比較級で-er／最上級で-estをつける
>   old - older - oldest 　　　　　　「古い−より古い−最も古い」
> ❷ eで終わる語は比較級で-r／最上級で-stをつける
>   large - larger - largest 　　　　　「大きい−より大きい−最も大きい」

POINT 2　比較級と最上級の特殊な作り方に注意

語尾の**活用変化**では以下の形に注意が必要です。

> 例文
> ❶ 〈子音＋y〉で終わる語はyをiに変えて-er／-est
>   early - earlier - earliest 　　　　「早い−より早い−最も早い」
> ❷ 〈短母音＋子音〉で終わる語は子音字を重ねて-er／-est
>   hot - hotter - hottest 　　　　　「暑い−より暑い−最も暑い」

POINT 3　長い形容詞や–lyの副詞はmore／mostを使う

3音節以上の長い形容詞や-lyの副詞の場合、比較級にはmore、最上級にはmostを使います。

> 例文
> important - more important - most important 　「重要な−より重要な−最も重要な」

例題

❶　次の形容詞の比較級と最上級を書きなさい。

easy　　　① 比較級 [　　　　　　　　]　　　② 最上級 [　　　　　　　　]

- -

▌手順　〈子音＋y〉で終わる語はyをiに変えて–er／–est

〈子音＋y〉で終わる語はyをiに変えて-er／-estをつけます。比較級はeas**ier**、最上級はeas**iest**です。

演 習

1 次の形容詞の比較級と最上級を書きなさい。

① 原級 old　　　　　比較級 ☐　　　　　最上級 ☐

② 原級 young　　　　比較級 ☐　　　　　最上級 ☐

③ 原級 small　　　　比較級 ☐　　　　　最上級 ☐

④ 原級 big　　　　　比較級 ☐　　　　　最上級 ☐

⑤ 原級 nice　　　　　比較級 ☐　　　　　最上級 ☐

2 次の英文を和訳しなさい。

① I got up earlier than usual.

_____

② This is the hottest summer in fifteen years.　　　　　　　　［愛知学院大］

_____

3 次の和文の意味を表すように、(　　　　)内の語(句)を並べ替えなさい。

① どのようにお金が使われるかはもっと重要だ。
(more / the money / important / is spent / how / is).

_____.

② この本はあの本よりも理解しやすい。
(easier / is / understand / this book / to) than that one.

_____ than that one.

✔ **CHECK**
46講で学んだこと

□比較級や最上級はふつうは -er ／ -est をつける
□語尾によって -er ／ -est のつけ方が変わる
□三音節以上の語や -ly の副詞は more ／ most をつける

47講　比較級は程度の優劣をつける

TRACK 047

比較級

[ここからはじめる] 比較級はAとBを比べて、その物事の優劣をつけます。どちらがより程度が高いかを示すのです。活用には不規則変化もあるので、じっくり取り組みましょう。

比較級は〈**A is 比較級 than B**〉の形で「**AはBより～だ**」と物事の「程度の大小(高低)」「見た目」や「性能」など、さまざまな観点の比較を表すことができます。

POINT 1 比較級は〈A is 比較級 than B〉が基本

比較級は「程度の大小(高低)」「性能」「見た目」などを比べるときに使います。**than**は「～よりも」という意味で、**比較級の直後**につきます。規則変化は**-er**や**r**をつけて活用します。

例文
Ⓐ This smartphone is smaller than Ⓑ the old version.
[訳] このスマートフォンは古いバージョン**よりも小さい**。

POINT 2 比較級は「AがBよりも程度が高い」ことを表す

比較級はAとBの**程度を比較**します。三音節以上の形容詞や副詞は**more**を**原級の前**に置きます。

例文
Ⓐ This dictionary is more useful than Ⓑ that one.
[訳] この辞書はあの辞書**よりも役立つ**。

「より少ない(小さい)」ということを表したいときは、moreではなくlessを使います。

[例][題]

[1] 次の文の(　　　)に入る最も適切な語(句)を、下の㋐～㋓から1つ選びなさい。

① The population of Tokyo is (　　　) than that of Osaka.　[産業能率大]

㋐ large　㋑ larger　㋒ largest　㋓ as large

①

[手順1]〈A is 比較級 than B〉の形であることを押さえる

この文では2つのものを比較しています。The population of Tokyo「東京の人口」と**比較対象**にあるのがthat of Osakaです。このthatはthe populationの**反復を避ける**ために使われる**代用のthat**と言います。ちなみに、複数形の名詞を受ける場合は、thatではなくthoseになるので注意です。

[手順2] largeを比較級にする

比較級の形を考えてみましょう。largeは**規則変化**する形容詞なので、比較級は㋑**larger**となります。-eで終わる形容詞は比較級を作るにあたり元々-erのeがついているので、-rの文字だけつければOKです。

 [例][題]の解答 [1] ① ㋑ ([訳]東京の人口は大阪の人口よりも多い。)

[演][習]

1 次の各文の(　　　)に入る最も適切な語(句)を、下の㋐〜㋓から1つ選びなさい。

① Going by train is (　　　) than driving. [会津大]
㋐ more quicker　㋑ quicker　㋒ quickest　㋓ quickly

①

② X：I texted you last night, but you didn't respond.
Y：Sorry. I was really tired, so I went to bed (　　　) usual. [北海学園大]
㋐ earlier than　㋑ earlier　㋒ more earlier than　㋓ as early as

②

2 次の英文の下線部を和訳しなさい。

① The company updated the software today. <u>The new version is more useful than the older version.</u> [新潟工科大]

② Both of these sweaters are beautiful, <u>but I'll have to get the less expensive one</u>. [東海大]

3 次の和文の意味を表すように、(　　　)内の語(句)を並べ替えなさい。

① あなたは最高に賢いロボットよりも人間のほうが知能が高いと思いますか。 [東海大]
Do you think (beings / are / intelligent / than / human / more) the cleverest robot?

Do you think ______________________________ the cleverest robot?

✔ CHECK
47講で学んだこと

□比較級は〈A is 比較級 than B〉を基本とする
□三音節以上の形容詞や副詞は more をつける

48講 最上級は一番であることを伝える

最上級

TRACK 048

▶ ここからはじめる 最上級はNo.1であることを伝える表現です。食事や作品の感想などでも使われます。実際に入試でも、手を変え品を変え、何度も出題されていますから、出題パターンを身につけていきましょう。

最上級は〈A is the 最上級〉の形で「Aは最も〜だ」とそれがNo.1であることを表します。「作品の感想」「賞の受賞」などさまざまな場面で使われ、これまでの経験を語ることから現在完了形とも相性がよく、ほかの単元と組み合わせて用いられます。

POINT 1 最上級は一番程度が高いことを伝える

最上級は三者以上で最も程度が高いことを表します。the をつけるのは、No.1だと皆が頭の中で「例のあれ／あの人」と姿が明確に浮かぶからです。

> 例文 Takenori is the tallest player in the team.
> 訳 タケノリはチームで最も背の高い選手だ。

POINT 2 最上級は範囲の指定を〈of ＋複数〉や〈in ＋単数〉で行う

最上級で「〜の中で」と言うときはofを使い、後ろにはallや人数など**複数名詞**が来ます。また、inが使われることもあります。

> 例文 She is the brightest of all the students.
> 訳 彼女は全生徒**の中で**最も**優秀な**生徒だ。

 inの後には集団、国や地域などが入ります。〈of ＋複数〉／〈in ＋単数〉のようにシンプルに覚えてもOKです。

例題

❶ 次の文の（　　）に入る最も適切な語(句)を、下の㋐〜㋓から1つ選びなさい。

① これはこの店で最も安い時計です。　　　　　　　　　　　　　　　[日本大]

This is the (　　) expensive watch in this store.

㋐ best　　㋑ cheapest　　㋒ least　　㋓ most

①　　　　

手順1 最上級の形を見分ける

〈the ＋最上級＋ in ＋単数〉のパターンです。expensive「高い」は㋐と㋑では、両者とも形容詞が重複し使えません。また、㋓mostでは「最も高い」の意味になってしまいます。

手順2 「最も安い」のひっかけに注意する

expensiveの前につけるとき、「最も安い」は**否定語**でleastで表します。little - less - least の不規則変化で、leastは「一番少ない」の意味です。答えは㋒leastとなります。

演 習

1 次の各文の（　　）に入る最も適切な語（句）を、下の㋐～㋓から1つ選びなさい。

① That temple is （　　） building in the town. ［江戸川大］
㋐ oldest 　　 ㋑ the older 　　 ㋒ the eldest 　　 ㋓ the oldest

> ①

② Of the three members, Taro was （　　） pianist. ［清泉女子大］
㋐ a best 　　 ㋑ a better 　　 ㋒ the best 　　 ㋓ the better

> ②

2 次の英文を和訳しなさい。

① You are the nicest person I have ever met. ［白百合女子大］

_____

② Which online store sells the latest model of the computer the cheapest? ［東京薬科大］

_____

3 次の和文の意味を表すように、（　　）内の語（句）を並べ替えなさい。

① この黒いタブレットは市場に出ている最も高価なものです。 ［東京経済大］
(expensive / this / black / the / tablet / most / is) one on the market.

_____ one on the market.

✔ CHECK
48講で学んだこと

□最上級を作るときは皆がそれとわかるのでtheがつく
□最上級の比較範囲は〈in＋単数〉と〈of＋複数〉で表す
□little - less - leastの不規則変化を押さえる

49講　asを使った原級比較を知る
原級比較

▶ ここからはじめる　物を比べるときの表現は比較級や最上級以外にも同等(同じくらい)を表す原級比較があります。これは倍数を言うときにも使われる形で、その際にも原級(元々の形容詞や副詞)が大活躍します。

原級比較は「同じくらい」を表します。〈as＋原級＋as〉で表現し、形容詞と副詞がasにサンドイッチされます。ここでは〈as＋形容詞＋名詞＋as〉の応用パターンも含めて攻略します。

POINT 1 原級比較〈as＋原級＋as〉は「同じくらい」を表す

原級比較は〈as＋原級＋as〉で表現します。原級には形容詞や副詞の元々の形が入ります。

> 例文
> I am <u>as tall as</u> my father.
> 訳 私は父と同じくらい背が高い。

POINT 2 倍数表現は〈倍数＋as＋原級＋as〉で表す

原級比較は倍数表現でも使われます。「○倍と同じくらい」という表し方です。

> 例文
> I have <u>twice as many books as</u> Professor Johnson has.
> 訳 私はジョンソン教授の2倍多くの本を持っています。

 2倍はtwice、3倍以降はthree timesとtimesがつきます！　名詞を伴う場合、形容詞とセットでasの中に挟む点に要注意です。2つ目のasの後にはSVが来ることもあります。

例題

❶　次の文の(　　　)に入る最も適切な語(句)を、下の㋐〜㋓から1つ選びなさい。

①　Annapurna III is 7,555 meters high and Mt. Fuji is 3,776 meters high, which means Annapurna III is twice (　　　) Mt. Fuji.　　　　　　　　　　　　［多摩美術大］

㋐ higher　　　㋑ higher than　　　㋒ the highest　　　㋓ as high as

> ①　[　　　　　　　]

手順1 which meansは前文の言い換えを表すことを押さえる
ポイントは", which means"です。前文の言い換えを表すものなので、直前の数字の情報をチェックします。標高が7,555mと3,776mのため、富士山より約2倍の標高であるとわかります。

手順2 倍数のパターンに当てはめる
倍数は〈倍数＋as＋原級＋as〉で表現します。twiceの後には〈as＋原級＋as〉の形を使うため、㋓as high asとすれば正解です。

[演][習]

1 次の各文の(　　　)に入る最も適切な語(句)を、下の[ア]~[エ]から1つ選びなさい。

① My neighbor's cat is more than (　　　) mine. [金城学院大]
[ア] as large twice of　[イ] twice as large as　[ウ] twice large of　[エ] two times large

①

② The entrance hall at the Star Hotel is (　　　) the entrance hall at the Royal Hotel. [芝浦工業大]
[ア] two times spacer than　[イ] twice more spacious
[ウ] twice as space as　[エ] twice as spacious as

②

2 次の英文を和訳しなさい。

① People in my country use seven times as much fish for food as Americans do. [北里大]

② Once you have decided to learn a foreign language, you should learn to speak it as fluently as a native speaker. [大阪医科大]

3 次の(　　　)内の語(句)を並べ替え、英文を完成させなさい。

① I have as (as / have / little / money / you). We can't afford to take a taxi. [大阪医科大]

I have as ________________________________.

② 私の飼い犬は，前よりも2倍の犬用おやつを食べる。
My dog (as / dog / eats / many / twice) treats as he did before. [金沢工業大]

My dog ________________________________ treats as he did before.

✔ CHECK
49講で学んだこと

□〈as＋原級＋as〉で「同じくらい」を表す
□倍数は〈倍数＋as＋原級＋as〉で表す
□3倍以降はtimesをつけて表現する

50講 比較の頻出事項を整理しよう

比較の重要構文

▶ ここからはじめる 比較には強調する方法がいくつかあります。語句レベルで行う強調から、意外な品詞の使い方で強調する方法まで様々です。ここではさまざまな比較の構文を学んでいきましょう。

比較の強調にはいくつかあり、強調語句を比較級に添えるパターンが一番目立ちます。これまで学んだ品詞の応用も扱うので、本書の総決算として取り組んでみましょう。

POINT 1 比較級の「強調」をするときはmuchを使う

比較の強調は **much** を使います。「**ずっと～だ**」と程度を強調する役割です。

> **例文**
> I think he can run <u>much faster</u> than Mr. Bolt.
> 訳 彼はボルト氏よりも**ずっと速く**走ることができると思う。

 muchの他にも会話で使われる a lot「ずっと」や even「さらに」などがあります。

POINT 2 〈the ＋ 比較級, the ＋ 比較級〉は「～すればするほど」を表す

〈the ＋ 比較級〉は the が**副詞**であり、「**～すればするほど**」という程度を表します。

> **例文**
> <u>The more experience</u> you have, <u>the more often</u> you have your own style.
> 訳 経験を積めば積むほど、ますます自分なりのやり方が確立されることが多い。

POINT 3 〈the ＋ 比較級 ＋ of the two〉は比較と最上級の性質を合わせ持つ

〈the ＋ 比較級 ＋ of the two〉は**2つの比較の中の一番**(強調)を伝えます。

> **例文**
> Mike is <u>the younger</u> <u>of the two</u>.
> 訳 マイクは2人のうちで**一番若いほう**だ。

例題

1 次の文の（　　　）に入る最も適切な語(句)を、下の㋐～㋑から1つ選びなさい。

① My bicycle is （　　　） better than yours. ［東邦大］

㋐ very 　㋑ further 　㋒ more 　㋓ much

①　　　　

手順1 何を比べているのかを確認する

my bicycle「私の自転車」と yours「あなたの自転車」を比べています。比較級 better はすでに文中にあるので、その強調とわかります。

手順2 better という比較級を強調できるものを探す

比較級を強調できるものは **much ／ a lot ／ even** などです。選択肢の㋓ much が正解です。

[演][習]の解答 ➡ 別冊P.51

[演][習]

1 次の各文の(　　　)に入る最も適切な語(句)を、下の㋐～㋓から1つ選びなさい。

① Tim could have run much (　　　), but he didn't. ［国士舘大］
㋐ fast　㋑ faster　㋒ fasted　㋓ fastness

①

② The earlier you come to the office, (　　　) you can leave. ［芝浦工業大］
㋐ early　㋑ earlier　㋒ the early　㋓ the earlier

②

③ Jane and Betty are sisters. Jane is (　　　) of the two. ［國學院大］
㋐ the taller　㋑ tall　㋒ tallest　㋓ the more taller

③

2 次の英文を和訳しなさい。

① Of the two dictionaries, she chose the less expensive one. ［杏林大］

____

② The more you write, the better you are at writing. ［杏林大］

____

3 次の和文の意味を表すように、(　　　)内の語(句)を並べ替えなさい。

① 英語で書かれた本を読めば読むほど英語の語彙の知識は増える。 ［芝浦工業大］
The more books in (English vocabulary / read, / more / your / English / the / you) will increase.

The more books in ______________________________ will increase.

✔ CHECK 50講で学んだこと

□比較級の強調にはmuchを使う
□〈the＋比較級, the＋比較級〉は「～すればするほど」を表す
□〈the＋比較級＋of the two〉は「2つの中でのより程度が高いもの」を強調する

音読用英文の一覧

本書でとりあげた英文を一覧で掲載しました。ここに掲載した英文は、和文と英文の読み上げ音声が収録されており、アプリを使って再生できます（➡「音声のご利用方法」は P.08）。この一覧を見ながら、音声をよく聴き、音読をしてみてください。「聞く」「読む」の練習は、英語の基礎力を伸ばす、非常に大切なトレーニングです。発音や音の強弱（アクセント）、高低（イントネーション）などをまねて読んでみましょう。はじめのうちはうまく読めなくても、だんだんと上達してくるはずです。継続して練習してみましょう。

Chapter 1　01講　名詞　

私は水が欲しい。
I need some water.

このコンピュータは小さい。
This computer is small.

私は（いくらかの）牛乳が欲しい。
I want some milk.

私の友人は親切だ。
My friends are kind.

私の名前はジェーンです。
My name is Jane.

私はこのコンピュータを使う。
I use this computer.

彼は教科書を持っている。
He has a textbook.

Chapter 1　02講　冠詞

今、何時ですか。
Do you have the time?

これは新しい教科書だ。
This is a new textbook.

ホワイトボードを見なさい。
Look at the whiteboard.

あなたは腕時計を持っていますか。
Do you have a watch?

これが解答用紙だ。
This is the answer sheet.

黒板を見なさい。
Look at the blackboard.

あなたはパスポートを持っていますか。
Do you have a passport?

Chapter 1　03講　be動詞　

私は高校生だ。
I am a high school student.

私は中学校ではバスケ部の一員だった。
I was a member of a basketball club in junior high school.

私たちは昨年同じクラスにいた。
We were in the same class last year.

トムは俳優だ。
Tom is an actor.

彼らは僕の友人だ。
They are my friends.

私は慶應大学の学生だ。
I'm a student at Keio University.

ジェーンは私の友人だ。
Jane is my friend.

ジョージとマイクは東京大学の学生ではない。
George and Mike are not students at the University of Tokyo.

私は2年前この高校の生徒だった。
I was a student at this high school two years ago.

サクラは私の娘だ。
Sakura is my daughter.

彼らは東京大学の教授陣だ。
They are professors at the University of Tokyo.

| Chapter 1 | 04講 一般動詞 | TRACK 004 |

私は英語を勉強する。
I study English.

私は英語を勉強しない。
I do not study English.

あなたは英語を勉強しますか。
Do you study English?

私は音楽が好きだ。
I like music.

私は音楽が好きではない。
I do not like music.

あなたは音楽が好きですか。
Do you like music?

ジョンは毎日マンガを読む。
John reads comic books every day.

マイクは野球部に所属していない。
Mike does not belong to a baseball club.

彼は大阪に住んでいますか。
Does he live in Osaka?

私は本を毎日読む。
I read books every day.

あなたはサッカー部に所属していますか。
Do you belong to a soccer club?

彼女はパスポートを持っていますか。
Does she have a passport?

| Chapter 1 | 05講 形容詞 | TRACK 005 |

ケイトは優秀な学生だ。
Kate is a good student.

ケイトは美しい。
Kate is beautiful.

私は新しい教科書を持っている。
I have a new textbook.

これは素晴らしい冒険だ。
This is a wonderful adventure.

それは興味深い考えだ。
It is an interesting idea.

私の父は面白い冗談を言う。
My father tells funny jokes.

これは素晴らしい映画だ。
This is a wonderful movie.

鈴木先生は興味深い考えを持っている。
Mr. Suzuki has an interesting idea.

ジャックは面白いジョークを言う。
Jack tells funny jokes.

彼女は上手に英語を話す。
She speaks English well.

彼は上手に英語を話す。
He speaks English well.

文章を黙読してください。
Please read the passage silently.

ウィリアムは手紙を注意深く書く。
William writes letters carefully.

エリザベスは一生懸命勉強する。
Elizabeth studies hard.

彼は英語を速く話す。
He speaks English fast.

彼女はゆっくりと歩く。
She walks slowly.

ジョージは質問に素早く答える。
George answers questions quickly.

私は早く家に帰る。
I come home early.

タケシは注意深く計画を立てる。
Takeshi makes plans carefully.

ロバートは日本語を上手に話す。
Robert speaks Japanese well.

幸いなことに私は試験で満点を取った。
Fortunately, I got a perfect score on the test.

彼女はよくそのレストランで夕食を食べる。
She often has dinner at that restaurant.

私はいつも夕食後に宿題をする。
I always do my homework after dinner.

それは健康にはとても重要だ。
It is very important for your health.

驚くべきことに、彼は私の古い友人なのだ。
Surprisingly, he is an old friend of mine.

私は時々居間でコーヒーを飲む。
I sometimes have coffee in the living room.

それはかなり小さい。
It is pretty small.

興味深いことに、我々はたくさん共通点を持つ。
Interestingly, we have a lot of things in common.

私はよくそのカフェテリアで昼食を食べる。
I often eat lunch at the cafeteria.

このスマートフォンはとても小さい。
This smartphone is pretty small.

幸いなことに、私には多くの友人がいる。
Fortunately, I have a lot of friends.

TRACK 008

その有名な絵画は壁に掛かっている。
That famous picture is on the wall.

私は東京に住んでいる。
I live in Tokyo.

机の上の本はトムのものだ。
The dictionary on the desk is Tom's.

彼は車で仕事に行く。
He drives to work.

ニックはカリフォルニア出身だ。
Nick is from California.

ドアのそばに知らない人がいる。
There is a stranger by the door.

私はいつも駅で彼に会う。
I always see him at the station.

これはあなたのための贈り物です。
This is a present for you.

私は友人と一緒に学校へ行く。
I go to school with my friends.

ジョンは、根は親切だ。
John is kind at heart.

Chapter 1　**09講　接続詞①**　TRACK 009

彼は親切で頭もいい。
He is kind and intelligent.

急ぎなさい。さもなくば遅れますよ。
Hurry up, or you will be late.

エミリーは今年本当に一生懸命に頑張ったので、彼女は入試に合格した。
Emily worked really hard this year, so she passed the entrance examination.

一生懸命勉強しなさい。そうすれば、テストでいい点が取れますよ。
Study hard, and you will get a good score on the test.

私は昨日この本を買ったばかりだけど、私には難しすぎる。
I just bought this book yesterday, but it is too difficult for me.

彼は帰宅して早く寝た。
He came home and went to bed early.

彼女はとても親切で、いつも私たちの意見に耳を傾ける。
She is very kind, and always listens to our opinions.

ジョージはとても熱心に働く。だから皆が彼を尊敬している。
George works very hard, so everyone respects him.

Chapter 1　**10講　接続詞②**　TRACK 010

雨が止んだので、私はコンビニに傘を忘れてしまった。
I forgot my umbrella at a convenience store because it stopped raining.

私の一番好きなブランドを扱っていたので、私はそのファッション雑誌の最新号を購入した。
I bought the latest issue of the fashion magazine because it featured my favorite brand.

近頃、多くの人は音楽をただダウンロードするものだが、中にはいまだにCDを買う人もいる。
Although many people just download music these days, some people still purchase CDs.

3日以内に連絡がない限りは、私は我々の会議を延期せざるを得ません。
Unless I hear from you within three days, I will have to postpone our meeting.

結果が分かり次第、知らせてください。
Please inform me as soon as you know the results.

高貴な家に生まれついたのであるから、あなたは行儀よくふるまうべきだ。
You should behave yourself, since you were born into a noble family.

ここに来たらすぐに私に知らせてください。
Please inform me as soon as you get here.

彼は一生懸命頑張ったので、試験で満点を取った。
Because he worked hard, he got a full score on the test.

私は学校に行く。
I go to school.

このユーザーはデータベース内に存在する。
This user exists in our database.

ジョージは仕事に車で行く。
George drives to work.

ジェシカは大阪に住んでいる。
Jessica lives in Osaka.

彼は仕事に車で行く。
He drives to work.

答えは教育の中にある。
The answer lies in education.

彼の強みは働き方にある。
His strength lies in his work style.

私は電車で学校に行く。
I go to school by train.

マイクは東京に住んでいる。
Mike lives in Tokyo.

彼女の魅力は性格にある。
Her charm lies in her personality.

私は学生だ。
I am a student.

その生徒は授業中ずっと黙ったままだった。
The student remained silent during the class.

君は今日本当に幸せそうだ。
You really look happy today.

その男の子は学校での最初の週は黙ったままだったが、それから話し始めた。
The boy remained quiet for his first week at school, and then started talking.

イギリス英語はアメリカ英語と少しちがうように聞こえる。
British English sounds a little different from American English.

その新入生はクラスの話し合いの間黙ったままだった。
The new student remained silent during the class discussion.

彼女はとても悲しそうだ。
She looks very sad.

その少年は偉大な科学者になった。
The boy became a great scientist.

私はあなたの髪形が好きだ。
I like your hairstyle.

彼は手を挙げ、タクシーが止まった。
He raised his hand, and then the taxi stopped.

私はサクラと問題を話し合った。
I discussed the matter with Sakura.

私はあなたのメガネが好きだ。
I like your glasses.

ジェシカは3人子どもがいる。
Jessica has three kids.

質問があれば手を挙げてください。
Please raise your hand if you have any questions.

私はあなたの時計が好きだ。
I like your watch.

マイクは2人子どもがいる。
Mike has two kids.

何か質問はありますか。
Do you have any questions?

私はマイクと計画を話し合った。
I discussed the plan with Mike.

Chapter 2　14講　第4文型 TRACK 014

彼は私に昨日ドーナツをくれた。
He gave me some doughnuts yesterday.

彼は誕生日私に指輪をくれた。
He gave me a ring on my birthday. / He gave a ring to me on my birthday.

ウェイターが私たちにメニューを持ってきてくれた。
The waiter brought us the menu.

元彼が誕生日に私に素敵な指輪をくれたけど、別れたとき妹にそれをあげた。
My ex-boyfriend gave me a nice ring for my birthday, but I gave it to my sister when we broke up.

彼は先日私にバースデーカードを送ってくれた。
He sent me a birthday card the other day.

その男は我々に興味深い話をしてくれた。
The man told us an interesting story.

教授はそれぞれの学生に助言を与えた。
The professor gave each student some advice.

私の兄は昨日私に誕生日プレゼントをくれた。
My brother gave me a birthday present yesterday.

その女性は私たちに悲しい話をした。
The woman told us a sad story.

Chapter 2　15講　第5文型 TRACK 015

彼女の結婚の知らせが私を幸せにした。
The news of her marriage made me happy.

私はその本が面白いとわかった。
I found the book interesting.

彼女の言葉が私を幸せにした。
Her words made me happy.

その知らせが彼を悲しくさせた。
The news made him sad.

彼の名前はアントニオだが人は彼をトニーと呼ぶ。
His name is Antonio, but people call him Tony.

その知らせを聞いて私は怒った。
The news made me angry.

彼女の名前はキャサリンだが、人々は彼女をケイトと呼ぶ。
Her name is Catharine, but people call her Kate.

彼女は最初から最後までその映画を面白いと思った。
She found the film interesting from beginning to end.

彼の言葉によって私は幸せになった。
His words made me happy.

私は彼のことを興味深いと思った。
I found him interesting.

16講 第3文型の受動態 🔊 TRACK 016

皆がこの映画を好む。
Everyone likes this film.

この映画は皆に好まれる。
This film is liked by everyone.

この窓は壊された。
This window was broken.

この塾ではドイツ語が教えられていない。
German is not taught at this cram school.

それは大企業だ。ここでは500人が雇われている。
It's a big company. Five hundred people are employed here.

あなたの学校ではイタリア語が教えられていますか。
Is Italian taught at your school?

この大学ではイタリア語が教えられている。
Italian is taught at this university.

この学校ではイタリア語が教えられていない。
Italian is not taught at this school.

韓国語はこの大学で教えられていますか。
Is Korean taught at this university?

この本はこのクラスで使われていますか。
Is this book used in this class?

いつそのコンサートは開催されましたか。
When was the concert held?

17講 第4文型の受動態 🔊 TRACK 017

私の叔母は私に可愛い時計をくれた。
My aunt gave me a lovely watch.

私は叔母から可愛い時計をもらった。
I was given a lovely watch by my aunt.

可愛い時計が叔母から私に与えられた。
A lovely watch was given to me by my aunt.

2014年にノーベル平和賞がマララ・ユスフザイに授与された。
The Nobel Peace Prize was awarded to Malala Yousafzai in 2014.

私の母は昨年私にかわいらしい時計をくれた。
My mother gave me a lovely watch last year.

私は昨年母にかわいらしい時計を与えられた。
I was given a lovely watch by my mother last year.

彼らは大会の優勝者にトロフィーを与えた。
They gave the winner of the competition a trophy.

トロフィーが大会の優勝者に与えられた。
A trophy was given to the winner of the competition.

マザー・テレサはノーベル平和賞を授与された。
Mother Teresa was awarded the Nobel Peace Prize.

2017年にノーベル文学賞がカズオ・イシグロに授与された。
The Nobel Prize in Literature was awarded to Kazuo Ishiguro in 2017.

彼らはマーティンルーサーキング Jr. にノーベル平和賞を送った。
They awarded Martin Luther King Jr. the Nobel Peace Prize.

マーティンルーサーキング Jr. はノーベル平和賞を送られた。
Martin Luther King Jr. was awarded the Nobel Peace Prize.

ノーベル平和賞がマーティンルーサーキング Jr. に送られた。
The Nobel Peace Prize was awarded to Martin Luther King Jr.

Chapter 2　18講　第5文型の受動態　TRACK 018

私の友人は私をケイトと呼ぶ。
My friends call me Kate.

私は友人にケイトと呼ばれている。
I am called Kate by my friends.

私は昨日ノートパソコンを盗まれた。
I had my laptop stolen yesterday.

私はお気に入りの時計を盗まれた。
I had my favorite watch stolen.

カナダの国旗の中心には楓の葉が見える。だからカナダの国旗は往々にして非公式には「メープル・リーフ」と呼ばれる。
At the center of the Canadian flag, you will see a red maple leaf, so the flag is often unofficially called "the Maple Leaf."

私はとにかく怖いので、今日歯を抜いてもらいたいとは思えない。
I don't want to have my tooth pulled today because I am just scared.

それは自由の女神と呼ばれている。
It is called the Statue of Liberty.

私はお気に入りの財布を盗まれた。
I had my favorite wallet stolen.

この鳥は英語で何と呼ばれますか。
What is this bird called in English?

私はノートパソコンを盗まれた。
I had my laptop stolen.

Chapter 3　19講　動名詞　TRACK 019

散歩することは健康によい。
Taking a walk is good for your health.

私は本を読むことが好きだ。
I like reading books.

私の趣味は音楽を聴くことだ。
My hobby is listening to music.

私は日本のアニメを観ることが大好きだ。
I love watching Japanese anime.

私の趣味は野生の花の写真を撮ることです。
My hobby is taking pictures of wild flowers.

矢島さんは母の友人の面倒をしばらく見ようと考えている。
Mr. Yajima is considering taking care of his mother's friend for a while.

多くの若者は、スマートフォンで本を読むのが好きだ。
Many young people like reading books on their smartphones.

私は劇場で映画を観ることが大好きだ。
I love watching movies in the theater.

私の趣味は推理小説を読むことだ。
My hobby is reading detective stories.

健康でいることは重要だ。
To stay fit is important. / It is important to stay fit.

私は海外に行きたい。
I want to go abroad.

私の夢は学者になることだ。
My dream is to be a scholar.

私はこのイタリアで働く機会を活用したい。
I want to take advantage of this opportunity to work in Italy.

私の夢は病院でたくさんの病気の人々の世話をすることだ。
My dream is to look after a lot of sick people in the hospital.

A：　あなたは来週パーティーに来ますか。
B：　行きたいのですが、行けません。柔道の練習が入ってしまいました。
A：　Are you coming to the party next week?
B：　I'd like to, but I can't. I've got judo practice.

あなたが入念に試験の準備をするのは大事だ。
It is important for you to prepare carefully for your exams.

新しいスマートフォンを買いたいが、そうする余裕がない。
I want to buy a new smartphone, but I can't afford to do so.

毎日英語を話す練習をすることが大切だ。
It is important to practice speaking English every day.

新しい環境に慣れるためには、柔軟でいることが大切です。
In order to get used to new situations, it is important to keep an open mind.

私は君に伝えることがあります。
I have something to tell you.

私は健康を保つために毎日散歩をする。
I take a walk every day to stay fit.

私はここにいられて嬉しい。
I am glad to be here.

彼は話す友人がたくさんいる。
He has a lot of friends to talk to.

私は英語の先生になるために、毎日一生懸命に勉強している。
I study hard every day to be an English teacher.

何か書くものを借りられますか。ペンを持っていないのです。
Can I borrow something to write with? I don't have a pen.

もし何もやることがないのなら、ここにいてください。
Stay here if you have nothing to do.

それを聞いてとても残念だ。
I'm sorry to hear that.

彼は箱の中に、一袋のチョコレートを見つけて嬉しかった。
Inside the box, he was happy to find a bag of chocolate.

オーストラリアに住んでいた頃、現地の友人ができたことは英語習得に役立った。
When I lived in Australia, one good way to learn English was to make friends with the local people.

気候変動は地球上のすべての生き物に影響を与えている。
Climate change is affecting all living creatures on earth.

すべての生き物は尊い。
All living things are precious.

その壊れたグラスに触るな。
Don't touch the broken glass.

カナダで話されている言語は英語とフランス語だ。
The languages spoken in Canada are English and French.

ベンチで眠っている男性は私の父だ。
The man sleeping on the bench is my father.

私たちに手を振っている人は私の親友だ。
The guy waving to us is my best friend.

ボブ・ディランは世界で最も偉大な存命の音楽家の1人だ。
Bob Dylan is one of the world's greatest living musicians.

私は英語で書かれた手紙を受け取って驚いた。
I was surprised to get a letter written in English.

私たちの結婚式典に招待された人の中にはハワイ出身の方もいる。
Some of the people invited to our wedding reception are from Hawaii.

私は旧友から私に送られた手紙を読んだ。
I read a letter sent to me by an old friend.

あなたは英語で書かれた推薦状が必要だ。
You need a letter of recommendation written in English.

彼は疲れていたので、早く眠った。
As he felt tired, he went to bed early.

彼は疲れていて、早く眠った。
Feeling tired, he went to bed early.

何について書いていいかわからず、私は気分転換に音楽を聴いた。
Not knowing what to write about, I listened to music for a change.

何をすべきかわからなくて、私は黙ったままだった。
Not knowing what to do, I remained silent.

寂しかったので、私は一番の親友に電話をかけた。
Feeling lonely, I made a phone call to my best friend.

何と言っていいかわからず、彼女は彼に何も言わなかった。
Not knowing what to say, she didn't say anything to him.

何をすべきかわからず、マリアは私に助けを求めた。
Not knowing what to do, Maria asked me for help.

何を言うべきかわからず、彼女は黙ったままだった。
Not knowing what to say, she remained silent.

寂しくて、ジェシカは彼氏にメールをした。
As she felt lonely, Jessica texted her boyfriend. / Feeling lonely, Jessica texted her boyfriend.

私にはロンドンに住んでいる友人がいる。
I have a friend who lives in London.

私にはお父様が有名な教授である友人がいる。
I have a friend whose father is a famous professor.

このローションは敏感肌の人には向いていない。
This lotion is not suitable for those who have sensitive skin.

アイザック・ニュートンは、なぜリンゴが地面に落下するのかを最初に説明した人物だ。
Isaac Newton is the man who first explained why apples fall down to the ground.

もし私の苗字をインターネットで検索すれば、私と同じ名前の人はほとんどいないだろう。
If I search the Internet for my family name, there will be few people whose name is the same as mine.

私の娘は学費の高い大学に通っている。
My daughter goes to a university whose tuition is high.

私が誤って帽子を取ってしまった女性はかなり怒っていた。
The lady whose hat I took by mistake was rather upset.

私には奇妙な体験をした友人がいる。
I have a friend who had a strange experience.

彼はテストで満点を取った生徒だ。
He is a student who got a full score on the test.

Chapter 4 　26講　関係代名詞②　🔊 TRACK 026

これは私が先日話していた辞書だ。
This is the dictionary that I was talking about the other day.

これは私がこの前の講義で話していた本だ。
This is the book I was talking about in the last lecture.

地球温暖化は我々がもっと真剣に話し合わなくてはいけない重要な問題だ。
Global warming is an important issue which we have to discuss more seriously.

オーストラリアは私がその夏訪れた最初の国だった。
Australia was the first country that I visited that summer.

ギリシャはほかのどんな国よりも訪れたい国だ。
Greece is the country which I would like to visit more than any other country.

ローマは私がこの夏休み訪れたい都市だ。
Rome is the city which I wish to visit this summer vacation.

これは私が昨年訪れた有名な美術館だ。
This is the famous museum I visited last year.

これは私がいつの日か訪れたい国だ。
This is a country that I would like to visit someday.

沖縄から宮崎への飛行機で昨日我々が出会った女性の名前を憶えていますか。
Do you remember the name of the woman whom we met on the plane from Okinawa to Miyazaki yesterday?

Chapter 4 　27講　関係副詞　🔊 TRACK 027

これは私が生まれた町だ。
This is the town where I was born.

そういうわけで、僕は彼女を尊敬しているのだ。
That's why I respect her.

バルセロナは私がこの間の夏滞在することを満喫した都市だ。
Barcelona is the city where I enjoyed staying last summer.

18世紀は英国が産業革命を経た時代だった。
The 18th century was the period when Britain had the Industrial Revolution.

これはジョンが妻と散歩することを好んだ有名な公園だ。
This is the famous park where John liked to take a walk with his wife.

病気を予防することは治すことよりもよい。そういうわけでほとんどの医師と看護師は今日病院でマスクを着用している。
Preventing an illness is better than having to cure one. That's why most doctors and nurses nowadays wear masks in hospitals.

そういう理由で彼女は海外留学をしたいと思っている。
That's why she would like to study abroad.

このようにして私は日本で英語を学んだ。
This is how I learned English in Japan.

Chapter 4 　28講　論理関係を表す従属接続詞　🔊 TRACK 028

私はとても疲れていたので、それを時間通りに終わらせることができなかった。
I was so tired that I couldn't finish it on time.

ほとんどのアメリカ人は自分の意見を自由に述べるのに対して、日本人学生は教室でシャイである傾向がある。
Whereas most Americans express their opinions freely, Japanese students tend to be shy in the classroom.

私はとても忙しかったので、それを終えることができなかった。
I was so busy that I couldn't finish it.

そのドーナツはあまりにも甘かったので食べ終えることができなかった。
The donut was so sweet that I couldn't finish eating it.

そこへ1時間早く着けるように飛行機に乗りましょう。
Let's take a plane so that we can get there one hour earlier.

先進国もあれば、発展途上の国もある。
Some countries are developed, while others are developing.

その講師はとても早口で話したので、話したことを全て書き取るのは不可能だった。
The lecturer spoke so quickly that I could not write down everything he said.

デイビッドは奨学金が取れるように一生懸命勉強した。
David studied hard so that he could win the scholarship.

私はいつ期末レポートが締め切りなのかを知らない。
I don't know when the final paper is due.

私は彼女がパーティーに来るかどうかは知らない。
I don't know whether she will come to the party or not.

この電車がユニオン・スクエアに行くかどうか教えてもらえますか。
Can you tell me whether this train goes to Union Square?

有名なノートルダム大聖堂が火事によって多大なる被害を受けた。それを修理するのにどのくらい時間がかかるのかなあと思う。
A fire has caused massive damage to the famed Notre Dame Cathedral. I wonder how long it will take to restore it.

彼らが売り上げ目標を達成できるか否かは今期の業績に左右される。
Whether they can achieve the sales target or not depends on their performance this quarter.

もう一つの考えは、学校がデジタル教科書を採用すべきかどうかについて話し合うことだ。
Another idea is to debate whether schools should adopt the use of digital textbooks.

いつ期末レポートが締め切りか知っていますか。
Do you know when the term paper is due?

この車をスクラップするのにいくらかかるか知っていますか。
Do you know how much it costs to scrap this car?

問題は彼にそれだけの金が出せるかどうかだ。
The question is whether he can afford to pay that much money.

私は6時に起きる。
I get up at six.

彼女は陸上部に所属している。
She belongs to a track and field club.

私の母は毎週日曜日に礼拝に行く。
My mother goes to church every Sunday.

あなたはその男を信じることはできない。彼はいつもウソをつくのだ。
You can't trust that guy. He always tells lies.

理論上、水は100度で沸騰する。
In theory, water boils at 100°C.

サムは毎朝7時15分に電車に乗る。
Sam takes the train at 7:15 a.m. every morning.

ベネディクト氏はロサンゼルスに住んでいる。
Mr. Benedict lives in Los Angeles.

私は普段は自転車で学校に通う。
I usually go to school by bike.

彼はサッカー部に所属している。
He belongs to a soccer club.

TRACK
031

私は今日の朝7時に起きた。
I got up at seven this morning.

私たちは昨年同じクラスにいた。
We were in the same class last year.

私は18歳のときにこの大学に入学した。
I entered this university when I was eighteen.

その日は晴れだった。
It was sunny on that day.

サチコは自分の小説が出版されたとき、まだ高校にいた。
Sachiko was still in high school when her novels were published.

ジェフは国を横断する旅から戻ってきた後、仕事を辞めて、オンライン書店を始めた。
Jeff left his job and started an online bookstore after he came back from a cross-country road trip.

3か月前に私は東京に引っ越した。
Three months ago, I moved to Tokyo.

ケイトは先月ニューヨークに戻った。
Kate returned to New York last month.

私は中学生のときバスケ部に所属していた。
I belonged to the basketball club in junior high school.

私は若い頃、たくさんの書物を読んだ。
I read a lot of books in my youth.

Chapter 5　**32**講　進行形

TRACK
032

セリーナは今彼女の友人と昼食を取っている。
Serina is having lunch with her friends now.

多くの植物や動物が砂漠で死にかけている。
A lot of plants and animals are dying in the desert.

図書館は5分後に閉館します。
The library is closing in five minutes.

私は昨晩あなたが家に来たときお風呂に入っていた。
I was taking a bath when you came to my house last night.

昨夜あなたが電話をしたとき、私はピアノを演奏していた。
I was playing the piano when you called me last night.

その貧しい女の子は、親切な女性が発見し、救急車を呼ぶまで歩道に横たわっていた。
The poor girl was lying on the sidewalk until a kind lady found her and called an ambulance.

セリーナは私が彼女のことを訪ねて行ったとき、友人と昼食を取っていた。
Serina was having lunch with her friends when I visited her.

明日の朝飛行機で発つ予定だ。
I'm flying out tomorrow morning.

私の兄は電話で話しているところだ。
My brother is talking on the phone.

トムは明日東京に出発する予定だ。
Tom is leaving for Tokyo tomorrow.

Chapter 5　**33**講　現在完了形①

TRACK
033

私は3年間東京にずっと住んでいる。
I have lived in Tokyo for three years.

我々は子どもの頃からずっとお互いのことを知っている。
We have known each other since childhood.

フレディ・マーキュリーが亡くなってから約30年だ。
It has been about thirty years since Freddie Mercury died.

フレディ・マーキュリーが亡くなってから約30年間が経過した。
About thirty years have passed since Freddie Mercury died.

彼は東京に2010年にやって来て、それ以来ずっとここに住み続けている。
He came to Tokyo in 2010 and has lived here ever since.

私がギターを習い始めてから約1年が経つ。
It has been about a year since I started learning the guitar.

どのくらい日本に住んでいるのですか。
How long have you lived in Japan?

私は10年間日本に住んでいる。
I have lived in Japan for 10 years.

シェイクスピアは没後400年以上だ。
More than four hundred years have passed since Shakespeare died.

<table>
<tr><td>Chapter 5</td><td>**34**講</td><td>**現在完了形[2]**</td><td> TRACK 034</td></tr>
</table>

私はニューヨークに2回行ったことがある。
I have been to New York twice.

私の兄はもうすでに大学を卒業した。
My brother has already graduated from university.

あなたはもう宿題は終わりましたか。
Have you done your homework yet?

ホワイトさんはフランスに行ってしまった。
Mrs. White has gone to France.

新しいデパートに行ったことはありますか。
Have you been to the new department store?

その店で一度も朝食を食べたことがない。
I have never eaten breakfast in that shop.

私は何回かパリに行ったことがある。
I have been to Paris several times.

私は今までこのような面白い本を読んだことがない。
I have never read such an interesting book as this before.

週末に何か予定はある？ —— まだ決めてないよ。
Do you have any plans for the weekend? —— I have not decided yet.

私たちの先生は一度イギリスに行ったことがある。
Our teacher has been to the U.K. once.

<table>
<tr><td>Chapter 5</td><td>**35**講</td><td>**過去完了形**</td><td>TRACK 035</td></tr>
</table>

私が駅に到着したとき、電車はすでに出発していた。
When I got to the station, the train had already left.

私は友人が家に遊びに来たとき、2時間ずっと読書をしていた。
I had been reading for two hours when my friend came over to my house.

私が駅に到着したとき、電車は出発してしまっていた。
When I got to the station, the train had left.

私が駅に着いたとき、電車は出発していた。
When I arrived at the station, the train had left.

雨が振り始める前に、私たちはレストランに着いていた。
We had reached the restaurant before it started raining.

アリスはピーターがドアをノックしたとき、3時間ずっと読書をしていた。
Alice had been reading for three hours when Peter knocked at the door.

彼が家に着く前に彼女は出発していたので、彼は昨日姉に会わなかった。
He did not see his sister yesterday because she had left before he got to her house.

私が学校に着いたとき、もうすでに授業が始まっていた。
When I got to school, the lesson had already started.

私が彼の家に着いたとき、誕生日パーティーはすでに始まっていた。
When I got to his house, the birthday party had already started.

彼女が駅に着く前に、電車は出発していた。
The train had left before she reached the station.

Chapter 5　36講　未来完了形

私たちは来年で20年間ずっと結婚していることになる。
We will have been married for 20 years next year.

あなたが教室に着く頃までには、授業は終わっていることだろう。
By the time you get to the classroom, the lesson will have finished.

もしもう一度美術館に行くと、私は今年2回そこに行ったことになるだろう。
If I go to the museum again, I will have visited it twice this year.

来月で私は5年間ここに住んでいることになるだろう。
Next month, I will have lived here for five years.

もし私が今年そこにもう一度行けば、私はニューヨークを10回訪れたことになるだろう。
I will have visited New York ten times if I go there again this year.

この雨と風はひどい。確実に帰宅する頃までには私は風邪をひいていることだろう。
This rain and wind are terrible! I'm sure I will have caught a cold by the time I get home.

私は今月の終わりまでにはあなたはレポートを書き終えていることだろうと望む。
I am hoping that by the end of this month you will have finished your paper.

来年で、私はオーストラリアに2年間住んでいることになるだろう。
I will have lived in Australia for two years next year.

今週の終わりまでには私は本を書き終えているだろう。
I will have finished writing the book by the end of this week.

Chapter 6　37講　助動詞の can

私は少し日本語を話すことができる。
I can speak Japanese a little.

どこにも僕の傘が見つけられない。
I can't find my umbrella anywhere.

私のプレゼンテーションを手伝ってもらえますか。
Can you help me with my presentation?

君はあまりにも速く走りすぎている。私は君についていけないよ。
You're running too fast. I can't keep up with you.

たとえどんなに注意を払っても、誤りは起こり得る。
Errors can occur, even if you pay close attention.

私はどこにもスマートフォンが見つけられない。
I can't find my smartphone anywhere.

私はこの問題を解けない。
I cannot solve this problem.

私はどこにも自分の辞書が見つけられない。
I cannot find my dictionary anywhere.

私の宿題を手伝ってもらえますか。
Can you help me with my homework?

Chapter 6　38講　助動詞の will

電車は15分後に出発するだろう。
The train will leave in fifteen minutes.

私は明日海に泳ぎに行かない予定だ。
I won't go swimming in the sea tomorrow.

A： 明日塾で宿題を手伝ってくれませんか。
B： すみませんが、私は明日家にいるつもりです。
A： Will you help me with my homework at cram school tomorrow?
B： I'm sorry, but I will stay home tomorrow.

天気予報では明日雨が降るだろうと言っている。
The weather forecast says that it will rain tomorrow.

我々は普段は夏に休暇を取りに行くのだが、今年はどこも行かない予定だ。
We usually go on vacation in summer, but this year we won't go anywhere.

どうかこの小包を彼に渡してくれませんか。
Will you please give him this package?

明日の朝散歩に行きませんか。
Will you go for a walk tomorrow morning?

残念ながら、坂本医師は夏休みで、8月30日の火曜日まで戻らない予定です。
Unfortunately, Dr. Sakamoto will be on summer holiday and won't be back until Tuesday, August 30th.

私は来週家にいるつもりだ。
I will stay home next week.

天気予報では明日雨が降らないだろうと言っている。
The weather forecast says that it won't rain tomorrow.

Chapter 6　39 講　助動詞の may　🔊 TRACK 039

それは難しいかもしれないが、君ならできると思う。
It may be difficult, but I believe you can do it.

お名前を伺ってもよろしいでしょうか。
May I have your name, please?

新しい職場に慣れるのは苦労するかもしれない。
You may have a difficult time getting used to a new workplace.

新しい靴を買ってもいいですか。
May I buy new shoes?

その患者は長期入院が必要かもしれない。
The patient may need long-term hospitalization.

試着してもいいですか。
May I try it on?

新しい文化に慣れるのには苦労するかもしれない。
You may have a difficult time getting used to a new culture.

新しい環境に慣れるのには苦労するかもしれない。
You may have a difficult time getting used to a new environment.

Chapter 6　40 講　助動詞の must　🔊 TRACK 040

寝る前にテレビを消さなくてはいけない。
You must turn off the TV before you go to bed.

ここではスマートフォンを使ってはいけない。
You must not use your smartphone here.

あなたは疲れているにちがいない。
You must be tired.

ジョンは車を運転してはいけない。彼は夕食にワインを飲んでいる。
John mustn't drive his car. He's having wine with his dinner.

マックスがこんなに会議に遅れているのは珍しい。何かがおかしいにちがいない。
It's unusual for Max to be this late for our meeting. Something must be wrong.

あなたはすぐに車を動かさなければならない。
You must move your car immediately.

地球を守るために何かをしなくてはいけない。
We must do something to protect our planet.

あなたはお腹が減っているにちがいない。
You must be hungry.

あなたは自転車をすぐに動かさないといけない。
You must move your bike immediately.

Chapter 6 41講 助動詞の should TRACK 041

あなたは家にいたほうがよい。
You should stay home.

待合室では友達と話すべきではない。
You should not chat with your friends in the waiting room.

大丈夫なはずだ。
It should be all right.

あなたは道路を横断するとき注意すべきだ。
You should be careful when you cross the street.

彼は30分後かそこらで戻るはずだ。
He should be back in half an hour or so.

私の母は常々私に食べた後すぐに泳ぐべきではないと言う。
My mother always tells me that I should not swim immediately after eating.

私は何をすべきでしょうか。
What should I do?

インターネット上に物を書くときは気をつけるべきだ。
You should be careful when you write things on the Internet.

あなたは新しいコンピュータを買うべきだ。
You should buy a new computer.

SNSへの書き込みには慎重になった方がよい。
You should be careful when you post things on social media.

Chapter 7 42講 仮定法過去 TRACK 042

もし十分なお金を持っていれば、私は新しいノートパソコンを買えるだろう。
If I had enough money, I could buy a new laptop computer.

もし明日雨ならば、私は家にいるだろう。
If it rains tomorrow, I will stay home.

もし私が大統領ならば、私は雇用機会を生み出すだろう。
If I were President, I would create job opportunities.

もし私に時間とお金がもっとあれば、海外に行くだろう。
If I had more time and money, I would go abroad.

もしお金が少しでもあれば、彼女にいくらか貸すだろうに。
If I had any money, I would lend her some.

もし彼女の髪の毛が茶色ならば、彼女は全くの別人に見えるだろう。
If her hair were brown, she would look like a completely different person.

もし私が首相ならば、全員に対して大学を無料にするだろう。
If I were the prime minister, I would make college free for everyone.

もし私がもっとお金を持っていれば、海外留学できるだろうに。
If I had more money, I could study abroad.

もし私が大統領ならば、貧しい人のための雇用機会を作るだろう。
If I were (the) president, I would create job opportunities for poor people.

Chapter 7 43講 仮定法過去完了 TRACK 043

もし私がそのことについて知っていたら、あなたに伝えていただろうに。
If I had known about it, I would have told you.

もし十分お金を持っていたら、その結婚指輪を買えただろうに。
If I had had enough money, I could have bought the wedding ring.

もし私がいくらかお金を持っていたら、その本を買えただろうに。
If I had had some money, I could have bought the book.

もし私たちがタクシーに乗っていたら、電車に乗れただろうに。
If we had taken a taxi, we could have caught the train.

もし私がやせていたなら、あの美しいドレスをパーティーに着て行けただろうにと思う。
If I had lost weight, I think I could have worn that beautiful dress to the party.

もし私がそのお金を持っていたら、その最新のスマートフォンを買うことができただろうに。
If I had had the money, I could have bought the latest smartphone.

もし十分お金を持っていたら、その電子辞書を買えただろうに。
If I had had enough money, I could have bought the e-dictionary.

もし若いとき一生懸命勉強していたら、私は違う職業を選んでいただろうに。
If I had studied hard when I was young, I would have chosen a different job.

<table>
<tr><td>Chapter 7</td><td>44 講</td><td>仮定法未来</td></tr>
</table>

もし万一太陽が西から昇ることがあったとしても、私は彼と交際しないだろう。
Even if the sun were to rise in the west, I would not go out with him.

もし万一質問があったとしたら、我々に気軽にご連絡ください。
If you should have any questions, please feel free to contact us.

たとえもし太陽が西から昇ることがあったとしても、彼は考えを変えないだろう。
Even if the sun were to rise in the west, he would not change his mind.

もし仮に娘ができたら、私は祖母の名前にちなんでメアリーと名づけるだろう。
If I were to have a daughter, I would name her Mary after my grandmother.

もしほんの少しこの女性のためにスペースを作ってくれたら、彼女は座れるだろう。
If you were to make a little room for this lady, she could have a seat.

もしそのような大きな嵐がフロリダを直撃したら、住宅に深刻な損害をもたらすだろう。
If such a big storm were to hit the Florida area, it would cause severe damage to the houses there.

もし万一質問があれば、遠慮せず連絡をください。
If you should have any questions, please do not hesitate to contact us.

もし万一質問があれば、手を挙げてください。
If you should have any questions, please raise your hand.

<table>
<tr><td>Chapter 7</td><td>45 講</td><td>仮定法の倒置</td></tr>
</table>

TRACK 045

もし私があなたの立場なら、その申し出を受け入れないだろう。
If I were in your position, I would not accept the offer. / Were I in your position, I would not accept the offer.

もし私はあなたがスタジオにいると知っていたら、あなたに会いに来ただろう。
Had I known you were in the studio, I would have come to see you.

もしあなたの立場なら、その申し出を断るだろう。
Were I in your position, I would decline the offer.

あなたの立場なら、今すぐそれをやるだろう。
Were I in your place, I would do it right away.

もしあなたが入院していると知っていたら、私はあなたに会いに行っていたことでしょう。
Had I known you were in the hospital, I would have come to see you.

万一質問があれば、メールで連絡してください。
If you should have any questions, please contact us by e-mail. /
Should you have any questions, please contact us by e-mail.

もし5分早く出発していたら、私はその電車に乗れただろうに。
If I had left five minutes earlier, I could have caught the train. /
Had I left five minutes earlier, I could have caught the train.

もし故郷に戻っていると知っていたら、あなたに会いに来ただろうに。
Had I known you were back in our hometown, I would have come to see you.

ええと、もし私があなたの立場ならば、彼に助けを求めるだろう。
Well, were I in your place, I would ask him for help.

46講　比較級の作り方　🔊 TRACK 046

私はいつもより早く起きた。
I got up earlier than usual.

ここ15年で最も暑い夏だ。
This is the hottest summer in fifteen years.

どのようにお金が使われるかはもっと重要だ。
How the money is spent is more important.

この本はあの本よりも理解しやすい。
This book is easier to understand than that one.

Chapter 8　**47**講　比較級　🔊 TRACK 047

このスマートフォンは古いバージョンよりも小さい。
This smartphone is smaller than the old version.

この辞書はあの辞書よりも役立つ。
This dictionary is more useful than that one.

東京の人口は大阪の人口よりも多い。
The population of Tokyo is larger than that of Osaka.

車で行くよりも電車で行くほうが速い。
Going by train is quicker than driving.

X：　昨夜メールしたけど、返信してくれなかったね。
Y：　ごめん。とても疲れていたから、いつもより早く寝たんだ。
X：　I texted you last night, but you didn't respond.
Y：　Sorry. I was really tired, so I went to bed earlier than usual.

会社はソフトウエアを今日更新した。新しいバージョンは古いバージョンよりも便利だ。
The company updated the software today. The new version is more useful than the older version.

これらのセーターはどちらも美しい、しかし私は高くないほうを買わなければならないだろう。
Both of these sweaters are beautiful, but I'll have to get the less expensive one.

あなたは最高に賢いロボットよりも人間のほうが知能が高いと思いますか。
Do you think human beings are more intelligent than the cleverest robot?

Chapter 8　**48**講　最上級　🔊 TRACK 048

タケノリはチームで最も背の高い選手だ。
Takenori is the tallest player in the team.

彼女は全生徒の中で最も優秀な生徒だ。
She is the brightest of all the students.

これはこの店で最も安い時計です。
This is the least expensive watch in this store.

その寺は町で一番古い建物だ。
That temple is the oldest building in the town.

3人のメンバーの中で、タロウは最も優れたピアニストだ。
Of the three members, Taro was the best pianist.

あなたは私が出会った中で最も素敵な人です。
You are the nicest person I have ever met.

どのオンライン店がコンピュータの最新モデルを最も安く売っていますか。
Which online store sells the latest model of the computer the cheapest?

この黒いタブレットは市場に出ている最も高価なものです。
This black tablet is the most expensive one on the market.

Chapter 8　**49**講　原級比較　🔊 TRACK 049

私は父と同じくらい背が高い。
I am as tall as my father.

私はジョンソン教授の2倍多くの本を持っています。
I have twice as many books as Professor Johnson has.

アンナプルナⅢ峰は標高7,555m、そして富士山は標高3,776mである。すなわちアンナプルナⅢ峰は富士山の2倍の標高である。
Annapurna III is 7,555 meters high and Mt. Fuji is 3,776 meters high, which means Annapurna III is twice as high as Mt. Fuji.

私の隣人の猫は私の猫の2倍以上の大きさだ。
My neighbor's cat is more than twice as large as mine.

Star Hotel のエントランスホールは Royal Hotel のエントランスホールの2倍の広さだ。
The entrance hall at the Star Hotel is twice as spacious as the entrance hall at the Royal Hotel.

私の国の人々はアメリカ人の7倍料理に魚を使う。
People in my country use seven times as much fish for food as Americans do.

一度外国語を学ぶことを決断したなら、ネイティブスピーカーと同じくらい流暢にその言語を話せるようになるべきだ。
Once you have decided to learn a foreign language, you should learn to speak it as fluently as a native speaker.

私は君と同じくらいお金がない。私たちはタクシーに乗る余裕などない。
I have as little money as you have. We can't afford to take a taxi.

私の飼い犬は、前よりも2倍の犬用おやつを食べる。
My dog eats twice as many dog treats as he did before.

Chapter 8　50講　比較の重要構文

TRACK 050

彼はボルト氏よりもずっと速く走ることができると思う。
I think he can run much faster than Mr. Bolt.

経験を積めば積むほど、ますます自分なりのやり方が確立されることが多い。
The more experience you have, the more often you have your own style.

マイクは2人のうちで一番若いほうだ。
Mike is the younger of the two.

私の自転車はあなたのよりもずっとよい。
My bicycle is much better than yours.

ティムはずっと速く走ることができただろうが、そうしなかった。
Tim could have run much faster, but he didn't.

オフィスに早く来るほど、早く帰宅できます。
The earlier you come to the office, the earlier you can leave.

ジェーンとベティは姉妹だ。ジェーンは二人のうち背が高い方だ。
Jane and Betty are sisters. Jane is the taller of the two.

二冊の辞典のうち、彼女は一番安いほうを選んだ。
Of the two dictionaries, she chose the less expensive one.

書けば書くほど、書くことは上手になる。
The more you write, the better you are at writing.

英語で書かれた本を読めば読むほど英語の語彙の知識は増える。
The more books in English you read, the more your English vocabulary will increase.

著者 土岐田健太

東進ハイスクール、東進衛星予備校英語講師、河合塾講師。英語コーチングスクールLibarts代表。TOEIC L&R テスト990点満点取得。英検1級取得。上智大学文学部英文科卒（学業奨励賞受賞）、同大学院文学研究科英米文学専攻博士前期課程修了。「将来どこでも通用する英語」をモットーに基礎クラスから東大クラスまで幅広く担当し、社会人や保護者向けの講演会でも講師を務める。主な著書に『1回1分でサッとおさらい！　マンガでゆるっと英語』『英作文トレーニングドリルTransform』（ともにGakken）がある。

KOKOKARA DRILL SERIES

大学入試
HAJIMERU

土岐田のここからはじめる英文法ドリル

PRODUCTION STAFF

ブックデザイン	植草可純　前田歩来（APRON）
著者イラスト	芦野公平
本文イラスト	近藤圭恵
企画編集	髙橋龍之助（Gakken）
編集担当	髙橋龍之助　木村叡（Gakken）
編集協力	株式会社 オルタナプロ
校正	大島凛太朗　渡辺泰葉　内田大義
英文校閲	日本アイアール株式会社
販売担当	永峰威世紀（Gakken）
音声収録	（財）英語教育協議会
データ作成	株式会社 四国写研
印刷	株式会社 リーブルテック

読者アンケート ご協力のお願い

この度は弊社商品をお買い上げいただき、誠にありがとうございます。本書に関するアンケートにご協力ください。右のQRコードから、アンケートフォームにアクセスすることができます。ご協力いただいた方のなかから抽選でギフト券（500円分）をプレゼントさせていただきます。

アンケート番号：305612

※アンケートは予告なく終了する場合がございます。

KOKOKARA DRILL SERIES
大学入試
HAJIMERU
入試

土岐田のここからはじめる英文法ドリル

別 冊

解答
解説

Answer and Explanation
A Workbook for Students to Get into College
English Grammar by Kenta Tokita

Gakken

土岐田のここからはじめる英文法ドリル

別冊 **解答解説**

答え合わせのあと
必ず解説も読んで
理解を深めよう

MEMO

演習 の問題 → 本冊 P.19

---

1 ① 名詞／ノート ② 名詞／都市 ③ 名詞／故郷

2 ① 名詞／コンピュータ ② 名詞／牛乳 ③ 名詞／友人

3 ① My name is Jane. ② I use this computer. ③ He has a textbook.

1

① **解答** 名詞／ノート

冠詞のaは名詞に冠のように「**くっつく詞**」です。a notebook は「1冊のノート」の意味になります。

② **解答** 名詞／都市

冠詞のtheは名詞に冠のように「**くっつく詞**」です。the city は「その都市」の意味になります。聞き手と話し手の間で共通の都市が浮かぶイメージです。

③ **解答** 名詞／故郷

所有格のmyは名詞に冠のように「**くっつく詞**」です。my hometown は「私の故郷」の意味になります。

アドバイス

aやthe に注意する

冠詞のaやtheは名詞のチェックに便利です。日本語にはないものなので、入試問題でも狙われやすくなっています。特に並び替え問題や英作文の問題を解くときにこれらをつけないミスをしがちなため、要注意です。

a dog「（たくさんいる中の）1匹の犬」
the dog「（話し手と聞き手が同じものが浮かぶ）犬」

また、もしまとめて「犬が好きです」と言うときは**複数のsをつけてdogs**とするのがふつうです。英作文のポイントとして覚えておきましょう。

• I like dogs.

2

① **解答** 名詞／コンピュータ

訳 このコンピュータは小さい。

指示語のthisは this computer「このコンピュータ」と**ひとつのまとまり**で使われています。

② **解答** 名詞／牛乳

訳 私は（いくらかの）牛乳が欲しい。

数量詞のsomeは milk の**漠然とした量**を表します。牛乳のような液体の場合、some がついても「いく

つかの」と訳さず「牛乳」としてかまいません。

③ **解答** 名詞／友人

訳 私の友人は親切だ。

所有格のmyは名詞に冠のように「**くっつく詞**」です。my friends は「私の友人」の意味になります。

3

① **解答** My name is Jane.

主語は my name「私の名前」です。**文頭は大文字**で書きます。後で扱いますが、動詞は be 動詞を単数の主語に合わせて、is にすればOKです。

② **解答** I use this computer.

主語は I「私」です。次に動詞は use「使う」を入れます。this computer は**ひとつのまとまり**で名詞ととらえ、文の目的語になっています。

③ **解答** He has a textbook.

主語は he「彼」です。**三人称単数現在**の英文なので、have は **has** になります。「世の中にあるたくさんある本の1冊」と考えて、a を使うのが適切です。

▶ **COLUMN**

ワンセットの感覚を持つ

英語を使うとき、your jacket といった表現は1つの名詞という感覚で使われています。初めのうちは your と jacket という2つの単語に分けて考えますが、慣れてくると your jacket で1つの名詞という理解ができるようになります。

• I like your jacket .
私は あなたのジャケット が好きだ。

1 ① a bag ② an apple ③ the watch ④ the sun
2 ① これは新しい教科書だ。 ② ホワイトボードを見なさい。
③ あなたは腕時計を持っていますか。
3 ① This is the answer sheet. ② Look at the blackboard. ③ Do you have a passport?

1

① **解答** a bag
「たくさんある中の1つ」なので、冠詞のa です。

② **解答** an apple
apple が a/i/u/e/o の母音で始まるので、冠詞は an です。発音は an apple で［アンナポー］です。

③ **解答** the watch
「その腕時計」とあるので、冠詞の the を使います。the がつくのは、話している人と聞いている人の間で同じ腕時計が浮かぶ場合です。

④ **解答** the sun
「太陽」は**唯一の物**なので、the をつけます。ほかにも the earth「地球」や the sky「空」などは the がつきます。

アドバイス

冠詞の理解を深める
a や the の区別は必要なので、理解を深めましょう。

• I am a student here.
訳 私はここの学生だ。

「たくさんいる中の学生の1人」と考えて、a を使います。the を使うと、学生数がたった1人に聞こえるので要注意です。

2

① **解答** これは新しい教科書だ。
「新しい教科書」は new textbook ですが、「たくさんある中の1冊」と考え、a をつけます。

② **解答** ホワイトボードを見なさい。
命令文なので、「～しなさい」と訳します。話し手と聞き手で同じボードが浮かぶので、冠詞の the が使われています。

③ **解答** あなたは腕時計を持っていますか。
世の中に無数にある腕時計の中で、何かしらの時計を持っているか聞いているので、「たくさんある中の1つ」を表す冠詞の a が使われています。

3

① **解答** This is the answer sheet.
「1枚」の解答用紙が**明確に何を指しているかわかる状況**では冠詞の the を使います。

② **解答** Look at the blackboard.
目の前の「黒板」の話をするときには、聞き手と話し手で**同じ黒板が浮かぶ**ので、冠詞は the を使います。

③ **解答** Do you have a passport?
「パスポート」自体は**世の中にたくさんある**ため、この場合は冠詞の a が適切です。

▶ COLUMN

入試問題に出た冠詞の知識
冠詞の知識は会話問題でも役立ちます。

Meg：Excuse me, do you have the time?
Harry：（　　　　　　　）
（A）It's just before half past three.
（B）Let me check my diary.
（C）No, but I have some mints.
（D）Sorry. I am busy all day.

［会津大］

この問題では time に the がついているので、「今何時ですか」の意味だとわかります。選択肢の中で時間を答えているのは（A）のみです。half past three は「3時を半分過ぎた時間」→「3時半」の意味です。

訳
メグ：すみませんが、今何時ですか。
ハリー：ちょうど3時半前です。

（A）ちょうど3時半前です。
（B）日記を確認させてください。
（C）いいえ、しかし私はミントを持っています。
（D）すみません。私は1日中忙しいのです。

> **1** ① I am　② Tom is　③ They are
>
> **2** ① 私は慶應大学の学生だ。　② ジェーンは私の友人だ。
>
> 　③ ジョージとマイクは東京大学の学生ではない。
>
> **3** ① I was a student at this high school two years ago.　② Sakura is my daughter.
>
> 　③ They are professors at the University of Tokyo.

1

① 解答 I am

主語がIのとき、**現在時制のbe動詞はam**を使います。

② 解答 Tom is

主語がTomなので、**代名詞に置き換えると**heになります。現在時制において、三人称単数のheが主語の場合、be動詞はisを使います。

③ 解答 They are

主語が複数のtheyです。主語に複数が来るときには現在時制のbe動詞はareを使います。

アドバイス

相性のよい主語とbe動詞のセットを押さえる

主語と時制に応じて、be動詞の使い分けがあります。単数では**I am ／ You are ／ He is ／ She is ／ It is**のように使われ、複数だと**We are ／ You are ／ They are**となります。これらの使い分けの知識はスラスラ言えるように練習しておきましょう。

2

① 解答 私は慶應大学の学生だ。

I amの**短縮形はI'm**です。「〜の学生」と言うときは a student at 〜 と使います。

② 解答 ジェーンは私の友人だ。

主語はJaneで、代名詞に置き換えるとsheになるので、be動詞はisです。**Jane=my friendの関係**です。

③ 解答 ジョージとマイクは東京大学の学生ではない。

主語がGeorgeとMikeの**複数**なので、be動詞はareを使っています。否定語のnotがあるので、「〜ではない」と訳します。

3

① 解答 I was a student at this high school two years ago.

「2年前」なので、時制は**過去時制**です。主語がIのときのbe動詞はwasになります。過去時制では**過去を表す語句と一緒に使う**のが一般的です。

② 解答 Sakura is my daughter.

主語はSakuraなので、現在時制のときbe動詞はisを使います。**Sakura=my daughterの関係**です。

③ 解答 They are professors at the University of Tokyo.

主語が複数のtheyなので、現在時制のときbe動詞はareを使います。「東京大学の」はat the University of Tokyoと言います。

▶ COLUMN

be動詞には「存在する」の意味がある

イコールでつなぐ役割（〜です／〜だ）が中心のbe動詞ですが、「**存在する**」という意味になるケースがあります。

* I was in the kitchen.
  訳 私はキッチンにいた。

主に場所を表す副詞や副詞句を後ろに伴うとき、be動詞は「存在する」の意味になります。文脈に応じて、人が主語の場合には「いる」、物が主語の場合には「ある」とすると自然です。

04講 一般動詞

演習の問題 ➡ 本冊 P.25

---

1 ① I like ② I do not like ③ Do you like

2 ① ジョンは毎日マンガを読む。 ② マイクは野球部に所属していない。
③ 彼は大阪に住んでいますか。

3 ① I read books every day. ② Do you belong to a soccer club[team]?
③ Does she have a passport?

1

① **解答** I like
一般動詞の肯定文です。英語は主語が来たら、次に動詞が来ます。I like とすればOKです。

② **解答** I do not like
一般動詞の否定文です。否定文を作るとき、一般動詞の代表格である **do** を使い、否定語のnotをつけます。

③ **解答** Do you like
一般動詞の疑問文です。疑問文を作るとき、一般動詞の代表格のdoを文頭に出します。その後には主語と動詞が続きます。

アドバイス

パターンプラクティスをする

同じ例文の肯定文、否定文、疑問文を作り**パターンプラクティス**をしてみましょう。肯定文を否定文や疑問文に瞬時に変えることで、応用力を磨く練習方法です。書き換えのトレーニングに効果的です。

肯定文	I go to school by bike.
否定文	I don't go to school by bike.
疑問文	Do you go to school by bike?
答え	Yes, I do. / No, I don't.

訳

肯定文	私は自転車で学校に行く。
否定文	私は自転車で学校に行かない。
疑問文	あなたは自転車で学校に行きますか。
答え	はい、行きます。 / いいえ、行きません。

2

① **解答** ジョンは毎日マンガを読む。
三人称単数現在(三単現)の英文です。John が主語なので、read に三単現のsがつき、reads になります。

② **解答** マイクは野球部に所属していない。
三人称単数現在の英文の否定文です。Mike が主語なので、その否定文は does not belong になります。does はdoの三人称単数現在(三現現)の形です。belong to ～「～に所属している」は重要な**英熟語**です。

③ **解答** 彼は大阪に住んでいますか。
三人称単数現在の英文の疑問文です。he が主語なので、その疑問文は Does he live ～? となります。

3

① **解答** I read books every day.
一般動詞の肯定文です。「毎日」のように現在の習慣を表す語句があるので、この英文は現在形を使って表現します。bookにはsをつけるのを忘れないようにしましょう。

② **解答** Do you belong to a soccer club[team]?
一般動詞の疑問文です。主語がyouなので、その疑問文は Do you belong ～? となります。

③ **解答** Does she have a passport?
三人称単数現在の英文です。主語がshe なので、肯定文では have に s がつき has になりますが、ここでは疑問文です。三人称単数現在の一般動詞の疑問文は、does を文頭に置き、その後に主語と動詞の原形(三単現のsなどがつかない元の形)が続きます。Does she have ～? とすればOKです。

> **1** ① cool man［guy］　② beautiful woman［lady］　③ old bag
> **2** ① これは素晴らしい冒険だ。　② それは興味深い考えだ。　③ 私の父は面白い冗談を言う。
> **3** ① This is a wonderful movie.　② Mr. Suzuki has an interesting idea.
> 　　③ Jack tells funny jokes.

1

① **解答** cool man［guy］
形容詞は**名詞を修飾**します。〈冠詞＋形容詞＋名詞〉の語順で使います。a cool man「かっこいい男の人」という意味です。guy とは「男の人」の口語表現です。

② **解答** beautiful woman［lady］
形容詞は**名詞を修飾**します。〈冠詞＋形容詞＋名詞〉の語順で使います。a beautiful woman「美しい女性」という意味です。

③ **解答** old bag
形容詞は**名詞を修飾**します。〈冠詞＋形容詞＋名詞〉の語順で使います。old は母音で始まる語なので、a は an にします。an old bag「古いカバン」という意味です。

アドバイス

英語には形容動詞はない!?
予備校で教えていると、品詞の小テストで形容動詞と書いた答案を目にします。例えば、「親切だ（kind）」も英語では名詞を修飾する以上、形容詞というくくりです。**形容詞**と自信を持って書いてください。

これらの「〜だ」で終わるような日本語では形容動詞に分類される語も英語では形容詞です。
• 静かだ　　　quiet
• 便利だ　　　useful
• きれいだ　　beautiful

「〜だ」で終わっていても、名詞を修飾し、主語や目的語の補足説明をするものは形容詞という品詞になることを、しっかり覚えておきましょう。

2

① **解答** これは素晴らしい冒険だ。
wonderful は adventure を修飾します。「素晴らしい冒険」と**修飾関係**を正確に書いてください。

② **解答** それは興味深い考えだ。
interesting は idea を修飾します。「興味深い考え」と**修飾関係**を正確に書いてください。interesting は「（知的に）興味深い」という意味で使います。

③ **解答** 私の父は面白い冗談を言う。
funny は jokes を修飾します。「面白い冗談」と**修飾関係**を正確に書いてください。funny は「面白おかしい」くらいの意味で使われます。

3

① **解答** This is a wonderful movie.
語順は a wonderful movie と〈冠詞＋形容詞＋名詞〉の語順に当てはめれば OK です。

② **解答** Mr. Suzuki has an interesting idea.
語順は an interesting idea と〈冠詞＋形容詞＋名詞〉の語順に当てはめれば OK です。**母音の前なのでan を使います**。

③ **解答** Jack tells funny jokes.
語順は funny jokes と〈形容詞＋複数名詞〉の語順に当てはめれば OK です。tell funny jokes「面白い冗談を言う」のような表現はコロケーションと呼ばれ、tell のように相性がいい動詞があります。まとめて押さえておきましょう。

> **1** ① silently　② carefully　③ hard
> **2** ① 彼は英語を速く話す。　② 彼女はゆっくりと歩く。　③ ジョージは質問に素早く答える。
> **3** ① I come home early.　② Takeshi makes plans carefully.
> 　　③ Robert speaks Japanese well.

1

① **解答** silently

動詞の read に **副詞**の silently「黙って」がかかります。動詞を修飾する副詞の役割です。

② **解答** carefully

動詞の writes に **副詞**の carefully「注意深く」がかかります。writes letters「手紙を書く」という動詞句に carefully が修飾を加えているパターンです。

③ **解答** hard

動詞の studies に **副詞**の hard がかかります。hard「一生懸命」は日本語が名詞のように見えますが、「一生懸命に勉強する」と動詞にかかっていることから、副詞の役割をしています。

アドバイス

副詞の役割

副詞は英語で **adverb** と言います。このネーミングセンスは抜群で、**役割をそのまま名前**にしています。

• He works hard.

訳 彼は**一生懸命**に働く。

これは hard が動詞の works にかかっています。副詞はその名もズバリ**動詞を的確に修飾する**語です。なお、hard は形容詞として使われる場合、「熱心な」という意味になります。シンプルなので、語順で見抜くようにしましょう。

• He is a hard worker.

訳 彼は**熱心な**従業員だ。

修飾がわかると、英語の仕組みがよくわかり、英文がスッと頭に入って来るようになります。

2

① **解答** 彼は英語を速く話す。

動詞の speaks に **副詞**の fast がかかります。「速く話す」という意味です。「速度的に速く（歩いたり、走ったり、話したりなど）」と言いたいときは fast が最適です。

② **解答** 彼女はゆっくりと歩く。

動詞の walks に **副詞**の slowly がかかります。「ゆっくりと歩く」という意味です。

③ **解答** ジョージは質問に素早く答える。

動詞の answers に **副詞**の quickly がかかります。「素早く答える」という意味です。

3

① **解答** I come home early.

動詞の come に **副詞**の early がかかります。ここでは fast「（速度的に）速く」を使わずに、「（時間的に）早く」の意味になる **early** が**適切**です。

② **解答** Takeshi makes plans carefully.

動詞の makes に **副詞**の carefully がかかります。また、「計画を立てる」は make plans という熟語を使います。

③ **解答** Robert speaks Japanese well.

動詞の speaks に **副詞**の well がかかります。good は形容詞なので、ここでは使えません。well は「上手に」という副詞なので、動詞を修飾できます。

演習の問題 → 本冊P.31

---

1 ① always ② very ③ Surprisingly

2 ① 私は時々居間でコーヒーを飲む。 ② それはかなり小さい。
③ 興味深いことに、我々はたくさん共通点を持つ。

3 ① I often eat lunch at[in] the cafeteria. ② This smartphone is pretty[very] small.
③ Fortunately[Luckily], I have a lot of friends.

1

① **解答** always
always「いつも」は**一般動詞の前**に置かれます。頻度を表す副詞は一般動詞の前、be動詞の後に置くと押さえておきましょう。

② **解答** very
形容詞を修飾する副詞には**強調の役割**があります。

③ **解答** Surprisingly
文頭の副詞は**文全体を修飾**することができます。「驚くべきことに」と言うと読者は興味を引かれるので、注目を引きたいときによく使われます。

アドバイス

副詞は名詞と犬猿の仲

副詞は**名詞以外の品詞を修飾**できます。次の表現を品詞分解してみましょう。

・almost all Americans
訳 ほぼすべてのアメリカ人

almost は副詞なので、Americans ではなく、**all を修飾**しています。一方、all は形容詞なので、Americans にかかります。副詞は名詞とは犬猿の仲なのです。

ここで扱った almost は共通テストのリスニングでも解答キーになりました。例えば、次のような例はどうでしょうか。

・Almost everyone uses this workbook.
訳 ほぼ全員がこのドリルを使っている。

ここでは almost によって「あと少し」つまり、9割方の人はこのドリルを使っているとわかるという意味になるのです。

ちなみに、everyone は品詞の分類上は名詞なのですが、「全ての人」と形容詞 every がもともと one

にかかっている感覚を持つので、英語圏の人は everyone は almost の後に置いてもいいと考えているようです。

・almost everyone
ほぼ　全ての人

やはり、副詞と名詞は犬猿の仲で、もし一緒に使うときには副詞の almost は形容詞っぽい役割をする語句の仲の取り持ちが必要なのです。

2

① **解答** 私は時々居間でコーヒーを飲む。
頻度を表す副詞の sometimes です。have coffee「コーヒーを飲む」を修飾しています。in the living room は「居間で」と訳します。

② **解答** それはかなり小さい。
pretty を「かわいい」と訳した人は要注意。**形容詞を修飾**するので、「とても」という**副詞**になります。

③ **解答** 興味深いことに、我々はたくさん共通点を持つ。
文頭に来る Interestingly は「興味深いことに」という意味で、**文全体を修飾**します。「たくさんのことを共通して持っている」→「たくさん共通点を持つ」と訳しています。

3

① **解答** I often eat lunch at[in] the cafeteria.
頻度を表す副詞の「よく」は often を使います。一般動詞の eat の前に置きます。最後の「カフェテリアで」は at[in] the cafeteria がよいです。

② **解答** This smartphone is pretty[very] small.
「とても」という**形容詞を強調する副詞が必要**なので、pretty や very を書けば OK です。

③ **解答** Fortunately[Luckily], I have a lot of friends.
文頭に「幸いなことに」を置くと、**文全体を修飾**できます。「幸いなことに」は Luckily も可能です。

---

1 ① to ② from ③ by

2 ① 形容詞 ② 形容詞 ③ 副詞

3 ① This is a present for you. ② I go to school with my friends. ③ John is kind at heart.

1

① 解答 to

drive to 〜で「〜に車で行く」の意味です。前置詞のtoは「〜へ」という**方向**を表します。これは動詞のdriveにかかるので、副詞句の役割です。

② 解答 from

「〜出身」と言うときはbe from 〜を使います。fromは**起点**のイメージで、出身やきっかけを表現できます。

③ 解答 by

「ドアのそば」を表すときは**近接**のbyを使います。このby the doorは丸ごとa stranger「見知らぬ人」という名詞を修飾する形容詞句です。

アドバイス

前置詞がわかると熟語も丸わかり

前置詞は**英熟語を覚える**ときにも役立ちます。suffer from 〜「(原因)で苦しむ」を覚えるときもfromが**起点**を表し、そこから「きっかけ」→「原因」の意味に派生したと理解できます。芋づる式にstem from 〜「〜に由来する」やcome from 〜「〜から来る」も覚えられ、一石二鳥なのです。

中には意外な意味の変化を遂げるものもあります。例えば、men in blackとはどういう意味でしょうか。

men in black

これは「黒ずくめの男たち」という意味です。inから「すっぽりと中に身を包まれている」というニュアンスになり、「黒い服を着た男たち」→「黒ずくめの男たち」の意味になります。

2

① 解答 形容詞

訳 壁に掛かっている有名な絵画

名詞のpictureにかかるので、**形容詞句**です。

a famous picture on the wall

② 解答 形容詞

訳 この庭の美しい花

名詞のflowersにかかるので、**形容詞句**です。

beautiful flowers in this garden

③ 解答 副詞

訳 私はいつも駅で彼に会う。

動詞のseeにかかるので、**副詞句**です。

I always see him at the station.

3

① 解答 This is a present for you.

名詞のa presentに対して、for you が**形容詞句**を作り、修飾します。

This is a present for you.

② 解答 I go to school with my friends.

go to school のto は**方向**を表す前置詞です。**副詞句**を作り、goを修飾します。一方、with my friends は「友人と一緒に」という意味です。これも**副詞句**としてgoにかかります。

I go to school with my friends.
S V

③ 解答 John is kind at heart.

be kind at heartで「根は親切だ」の意味です。英語ではat heart は「心の一点」と捉え、この場合**副詞句**として、形容詞のkindを修飾します。

John is kind at heart.

Chapter 1 09講

接続詞[1]

[演][習]の問題 → 本冊P.35

[1] ①㋒ ②㋓

[2] ① Hurry up, or you will be late ② but it is too difficult for me

[3] ① He came home and went to bed early.

② She is very kind, and always listens to our opinions.

③ George works very hard, so everyone respects him.

[1]

① [解答] ㋒

[訳] エミリーは今年本当に一生懸命に頑張ったので、彼女は入試に合格した。

等位接続詞の選択問題です。英文同士に**因果関係**があります。原因と結果の関係を導くsoが正解です。

[原因]

Emily worked really hard this year,

↓

(so) she passed the entrance examination.

[結果]

② [解答] ㋓

[訳] 一生懸命勉強しなさい。そうすれば、テストでいい点が取れますよ。

andとorの識別問題です。命令文の後ろに**プラスの内容**が来ています。プラスの場合はandが正解です。

☺プラスの内容

Study hard, (and) you will get a good score on the test.

アドバイス

命令文and／orの識別問題

等位接続詞の問題では〈命令文＋and／or〉の識別が人気です。毎年のように出題され、**空所の後ろに注目できる**と答えがすぐにわかるようになります。シンプルに〈命令文＋and〉なら**プラスの内容**、〈命令文＋or〉なら**マイナスの内容**と理解すればOKです。

Hurry up, ( ) you'll be in time for the train.
㋐ and ㋑ but ㋒ or ㋓ otherwise
［駒澤女子大］

この問題だと後ろにプラスの内容が来ていることから、正解は㋐ andだとわかります。

[訳] 急ぎなさい。そうすれば、電車に間に合いますよ。

[2]

① [解答] Hurry up, or you will be late

後ろに**マイナスの内容**が来ているため、orを使っています。等位接続詞の場合、文同士のつなぎ目にカンマ(,)を置きます。

② [解答] but it is too difficult for me

but以下には**主語と述語**が来ます。強調のtooは形容詞のdifficultの前に置かれます。tooには非難のニュアンスがあり、「～すぎて(困る)」くらいの意味になります。

[3]

① [解答] He came home and went to bed early.

Heが動詞のcameとwentの**共通の主語**になっています。homeは副詞で、前置詞toが必要ありません。

He **came** home [and] **went** to bed early.
並列

② [解答] She is very kind, and always listens to our opinions.

Sheがbe動詞のisと一般動詞のlistensの**共通の主語**です。頻度を表す副詞の**alwaysは一般動詞の前**に置きます。

She **is** very kind, [and] always **listens** to our opinions.
並列

③ [解答] George works very hard, so everyone respects him.

等位接続詞のsoを使い、**因果関係**を作ります。主語がGeorgeとeveryoneなので、**三単現のs**を忘れないように注意が必要です。soの後には結果が来るので、因果関係の順序を間違えないようにしてください。

George works very hard, [原因]

↓

so everyone respects him. [結果]

Chapter 1 10講

接続詞[2]

[演][習]の問題 ➡ 本冊P.37

1 ①[ア] ②[ウ]
2 ① inform me as soon as you know the results ② should behave yourself, since you were born
3 ① Please inform me[let me know] as soon as you get here.
② Because he worked hard, he got a full score on the test.

1

① [解答] [ア]

[訳] 近頃、多くの人は音楽をただダウンロードするものだが、中にはいまだにCDを買う人もいる。

譲歩の接続詞の問題です。後ろにSVの構造が続き、接続詞を使う必要があるので、[イ]の前置詞のDespiteや副詞のHoweverは使えません。

( ) many people just download music
S V

these days, some people still purchase CDs.

unless「しない限り」も文意に合わず、正解は[ア]譲歩の接続詞の**Although**です。なお、譲歩の接続詞は「〜だけれども」という意味ですが、後ろにSVが続くと理解すると問題が解きやすくなります。

② [解答] [ウ]

[訳] 3日以内に連絡がない限りは、私は我々の会議を延期せざるを得ません。

主節に「会議を延期せざるを得ない」とあるため、**否定的な条件**だとわかります。「連絡がない場合」のことなので、「〜しない限り」という[ウ]の接続詞**Unless**が正解です。unlessの後には「例外的な条件」が示されることが多く、「〜する場合を除いてほかには」のニュアンスで使われます。

(Unless I hear from you within three days,)
S V

I will have to postpone our meeting.
S V O

▶ COLUMN

理由の接続詞の使い分け

英作文のときなどに役立つのが接続詞の使い分けです。

because:相手の知らない理由を伝える

- Because he worked hard, he was able to pass the exam.

[訳] 彼は一生懸命頑張ったので、試験に合格できた。

since:相手の知っている理由や常識的理由を伝える

- Also, you'll have more time to think about your future, especially since you are not so sure right now. [日本大]

[訳] また、あなたは将来について考える時間がもっとある。というのも、今はあなたが将来についてよくわかっていないからだ。

especially sinceのように「特に〜なのだから」と相手にとっては自明な理由を述べるときに使うと考えるとわかりやすいです。

2

① [解答] **inform me as soon as you know the results**

as soon asの使い方がポイントです。前半は命令文なので、pleaseの後には動詞の原形のinformが入ります。後半はas soon as SVの形に当てはめ、as soon as you know the resultsとすれば完成です。

② [解答] **should behave yourself, since you were born**

理由の接続詞の問題です。前半に主節を持ってくるパターンのため、まずYou should behave yourselfを作ります。since以下は「〜なので」という理由を表す内容です。since SVの形に当てはめ、since you were born 〜. とすれば完成です。

3

① [解答] **Please inform me[let me know] as soon as you get here.**

as soon as SVの形に当てはめればOKです。後ろにはSVが来るので、as soon as you getとなります。「知らせてください」はPlease let me know 〜. も可能です。

② [解答] **Because he worked hard, he got a full score on the test.**

理由の接続詞の問題です。Because SV, SV. または SV because SV. の形で使います。ちなみに、「一生懸命頑張る」はwork hardを使います。

1 ① Jessica lives in Osaka　② He drives to work　③ The answer lies in education
　　④ His strength lies in his work style

2 ① I go to school by train.　② Mike lives in Tokyo.　③ Her charm lies in her personality.

1

① **解答** Jessica lives in Osaka

SVMの**存在系の第1文型**です。live in ～は「～に住む」という意味で使います。

Jessica lives (in Osaka).
　S　　V　　　M

② **解答** He drives to work

SVMの**往来発着系の第1文型**です。drive to ～は「～に車で行く」という意味で使います。

He drives (to work).
S　　V　　　M

ほかにもバリエーションでcycle to「自転車で行く」やfly to「飛行機で行く」などがあります。

③ **解答** The answer lies in education

SVMの**存在系の第1文型**です。lie in ～は「～の中にある」という意味で使います。

The answer lies (in education).
　　S　　　V　　　M

④ **解答** His strength lies in his work style

SVMの**存在系の第1文型**です。lie in ～の「～の中にある」は書き手の主張に使われます。

His strength lies (in his work style).
　　S　　　V　　　M

アドバイス

往来発着系の動詞の種類

往来発着系の動詞には「その場から**離れる**」ことを表す**go**や、その対になる「**基準点にやってくる**」ことを意味する**come**があります。

A: Dinner is ready.　訳 A:夕食の準備ができているよ。
B: I'm coming.　　　訳 B:今行きます。

「今行く」と言うときでも、声をかけてくれた相手の場所が基準になるときには英語ではcomeを使います。ちなみに、共に使う前置詞については、

---

go「行く」come「来る」やget「着く」はtoを取りますが、leave「出発する」やmake「向かう」はforを取ります。これらは動詞との相性の問題なので、パターンで押さえていきましょう。

2

① **解答** I go to school by train.

SVMの**往来発着系の第1文型**です。「電車で行く」と言うときは、**交通手段**を表すby trainを使います。交通手段としてのtrain「電車」は無冠詞(aやtheはつけない)になるルールがあります。

I go (to school) (by train).
S V　　M　　　　M

② **解答** Mike lives in Tokyo.

SVMの**存在系の第1文型**です。live in ～は「～に住む」という意味で使います。Mikeが三人称単数で時制が現在時制なので、動詞に**三単現のs**がつきます。

Mike lives (in Tokyo).
　S　　V　　　M

③ **解答** Her charm lies in her personality.

SVMの**存在系の第1文型**です。「私」でも「あなた」でもない、三人称単数のHer charmが主語です。現在時制では動詞に**三単現のs**がつきます。ちなみに、charmは「魅力」の意味で、日本語で「チャームポイント」と言えばその人の魅力になる点を表します。

Her charm lies (in her personality).
　　S　　　V　　　M

Chapter 2 12講

第2文型

[演][習]の問題 ➡ 本冊P.41

1 ①㋐ ②㋓

2 ① イギリス英語はアメリカ英語と少しちがうように聞こえる。

② その新入生はクラスの話し合いの間黙ったままだった。

3 ① She looks very[so] sad. ② The boy became a great scientist.

1

① [解答] ㋐

[訳] 君は今日本当に幸せそうだ。

look Cで「**Cに見える**」という意味になります。you = happyの**イコール関係**です。

You really look happy today.
S M V C M

② [解答] ㋓

[訳] その男の子は学校での最初の週は黙ったままだったが、それから話し始めた。

remain Cで「**Cのままだ**」という意味になります。the boy = quietの**イコール関係**です。**ある状態のまま変わらないこと**を伝えます。

The boy remained quiet (for his first week at school),
S V C M

[and] then started talking.
M V O

アドバイス 

第2文型の3種類の「～になる」

変化を表す「～になる」は**第2文型**だとgetやturnも使われます。これらは日本語だと同じ意味ですが、意外と**使う場面が異なる**ので注意が必要です。

• It is getting dark. [訳] 暗くなってきている。

• The leaves turned red and yellow.
[訳] 葉が赤と黄色に変わった。

getは**明暗の変化**に、turnは**色彩の変化**に使います。

2

① [解答] イギリス英語はアメリカ英語と少しちがうように聞こえる。

sound Cで「**Cに聞こえる**」という意味になります。このsoundはそのほかにも、**見たり聞いたりして得た印象**の「Cに思われる」にも使います。

British English sounds (a little) different
S V M O

(from American English).

② [解答] その新入生はクラスの話し合いの間黙ったままだった。

remain Cで「**Cのままだ**」という意味になります。silentは**形容詞**です。remainの後にはremain the sameのように**名詞**が続くことも多いので注意しましょう。

The new student remained silent
S V C

(during the class discussion).
M

3

① [解答] She looks very[so] sad.

視覚的な印象を伝えるときには**look C**「**Cに見える**」が使われます。「とても」という様子を表す**強意の副詞**には主に**very**や**so**があります。

She looks very sad.
S V C

② [解答] The boy became a great scientist.

人や物事がある状態に変化することを伝えるときは**become C**「**Cになる**」が使われます。ここでは英訳のときに「偉大な科学者」を**たくさんいる偉大な科学者の1人**ととらえ、a great scientistと**aをつける**のが適切です。

The boy became a great scientist.
S V C

> **1** ① I like your glasses　② Jessica has three kids
> ③ Please raise your hand ／ you have any questions
>
> **2** ① I like your watch.　② Mike has two kids[children].　③ Do you have any questions?
> ④ I discussed the plan with Mike.

1

① 解答 **I like your glasses**
SVO の**第3文型**です。like「～が好きである」は**他動詞**なので、後ろに**目的語**を取ります。

I like your glasses.
S　V 　 O

② 解答 **Jessica has three kids**
SVO の**第3文型**です。has「～を持っている」→「～がいる」は後ろに**目的語**を取る**他動詞**です。

Jessica has three kids.
　S　 V 　　　O

③ 解答 **Please raise your hand ／ you have any questions**
Please がついている**命令文**なので、後ろには**動詞の原形**を取ります。raise「～を挙げる」は**他動詞**なので、後ろに**目的語**が必要です。have「～を持っている」も**他動詞**で、any questions が**目的語**になっています。

　　　　　　命令文
Please raise your hand if you have any questions.
　　　V　　O　　　s　 v　　　o

アドバイス

紛らわしい他動詞

他動詞には前置詞がつきそうでつかない、紛らわしいものが存在します。これらは直後に目的語を取ります。

- discuss the plan　　　「計画を話し合う」
- answer the question　「質問に答える」
- approach Tokyo　　　「東京に近づく」
- enter the room　　　「部屋に入る」
- mention the issue　　「問題に言及する」
- reach the station　　「駅に着く」
- visit my grandmother　「祖母を訪ねる」
- run a company　　　「会社を経営する」

> これらの**他動詞**は **Chapter 4** で**関係代名詞**という単元を学習するときにも役立ちます。

2

① 解答 **I like your watch.**
SVO の**第3文型**です。**1**①と同じ like「～が好きである」を使うパターンです。

I like your watch.
S　V 　 O

② 解答 **Mike has two kids[children].**
SVO の**第3文型**です。**1**②と同じく、has「～を持っている」を使うパターンです。kids のほかに child の複数形の children を使えます。

Mike has two kids.
　S　 V　　O

③ 解答 **Do you have any questions?**
第3文型の**疑問文**です。主語が you で**一般動詞の疑問文**なので、do が文頭に来ます。ちなみに any questions の s は「様々な質問」の可能性が存在することを示します。

Do you have any questions?
　 S　 V　　　O

④ 解答 **I discussed the plan with Mike.**
注意すべき他動詞のパターンです。discuss は**他動詞**なので、直後に**目的語**の the plan を取ります。なお、「マイクと」は with Mike を添えればOKです。

I discussed the plan (with Mike).
S　　V　　　 O　　　　M

演習の問題 → 本冊P.45

1 ① brought us ② gave me ／ gave
2 ① 彼は先日私にバースデーカードを送ってくれた。
② その男は我々に興味深い話をしてくれた。 ③ 教授はそれぞれの学生に助言を与えた。
3 ① My brother gave me a birthday present yesterday.［My brother gave a birthday present to me yesterday.］
② The woman told us a sad story.［The woman told a sad story to us.］

1

① 解答 brought us
bring 人 物 の形で「人に物を持ってくる」という意味になります。「持ってきてくれた」と過去形なので brought us が正解です。

The waiter brought us the menu.
　　　 S 　　　 V 　　 O₁ 　 O₂

② 解答 gave me ／ gave
give 人 物 の形で「人に物を与える」という意味になります。SVOO は SVOM の形で give 物 to 人 というように第3文型に書き換えができます。

My ex-boyfriend gave me a nice ring
　　　 S 　　　　　 V 　 O₁ 　 O₂
(for my birthday), but I gave it (to my sister)
　　　 M 　　　　　　 S V O 　 M
when we broke up.
　　　 s 　 v

アドバイス

bring と take の関係をつかむ

11講のアドバイスで、come ／ go は日本語の「来る／行く」という言葉と必ずしも一致しないことを説明しました。come は、話し手・聞き手や話題になっている場所への接近であるのに対して、go は話し手・聞き手や話題になっている場所から離れていくことを表します。bring と take の関係もこれに類似しています。

•I will bring the document to you.
訳 私はその文書をあなたに持っていきます。

授与動詞 bring は接近、つまり話の焦点になる場所にやってくるイメージです。一方で、take は「取る」なので、離れていくイメージがあります。前置詞が to を取るときにはシンプルに物理的な物の移動を表し、for を使うと「その人のために」と思いやりがあるニュアンスになります。

2

① 解答 彼は先日私にバースデーカードを送ってくれた。
send 人 物 で「人に物を送る」という意味になります。the other day は「先日」と訳します。

② 解答 その男は我々に興味深い話をしてくれた。
tell 人 物 で「人に物を伝える」という意味になります。

③ 解答 教授はそれぞれの学生に助言を与えた。
give 人 物 の形で「人に物を与える」という意味になります。advice は**不可算名詞**で複数の s は不要です。

3

① 解答 My brother gave me a birthday present yesterday.［My brother gave a birthday present to me yesterday.］
SVOO の中でも give 人 物「人に物を与える」を使う形です。

My brother gave me a birthday present yesterday.
　 S 　　　 V 　 O₁ 　 O₂ 　　　 M

下記のように第3文型の別解も作れます。「私に」プレゼントが贈られたことが強調されます。

My brother gave a birthday present (to me)
　 S 　　　 V 　 O 　　　　 M
yesterday.
　 M

② 解答 The woman told us a sad story.［The woman told a sad story to us.］
tell 人 物「人に物を伝える」の形です。The woman told a sad story to us. と書くこともできますが、人が代名詞の場合は tell 人 物 の形のほうが好まれます。

The woman told us a sad story.
　 S 　　　 V O₁ 　 O₂

演習の問題 → 本冊 P.47

---

1 ① made him sad ② call him

2 ① その知らせを聞いて私は怒った。〔その知らせが私を怒らせた。〕
② 彼女の名前はキャサリンだが、人々は彼女をケイトと呼ぶ。
③ 彼女は最初から最後までその映画を面白いと思った。

3 ① His words made me happy. ② I found him interesting.

1

① **解答** made him sad

SVOCの**第5文型**です。him = sad の関係があり、make O C「OをCにする」を使います。

The news made him sad.
　S　　　 V 　　O　 C

② **解答** call him

SVOCの**第5文型**です。him = Tony の関係があり、call O C「OをCと呼ぶ」を使います。

~ but people call him Tony.
　　　 S 　　 C 　 O 　 C

アドバイス

SVOCの訳し方

SVOCの**第5文型は無生物が主語になる**ことがあります。その場合、**因果関係を取り「SによってOがCになる」**という意味になります。このときの特徴として「**OとCの間には主語と述語の関係がある**」というものがあります。

・His words made her upset.
　　S　　　 V 　　O　　 C

訳 彼の言葉を聞いて彼女は怒った。

ここではOとCに She is upset の**主述関係**があります。upset は「怒っている」という意味があり、angry とほぼ同意語なのでチェックしておきましょう。

2

① **解答** その知らせを聞いて私は怒った。〔その知らせが私を怒らせた。〕

SVOCの**第5文型**です。me = angry の関係があります。「OをCにする」と直訳してもOKです。

The news made me angry.
　S　　　 V 　 O　 C

② **解答** 彼女の名前はキャサリンだが、人々は彼女をケイトと呼ぶ。

SVOCの**第5文型**です。call O C は「OをCと呼ぶ」と訳します。her = Kate の関係です。

~ but people call her Kate.
　　　 S 　　V 　 O 　 C

③ **解答** 彼女は最初から最後までその映画を面白いと思った。

SVOCの**第5文型**です。find O C は「OをCと思う」や「OがCとわかる」と訳します。

She found the film interesting
 S 　V 　　 O 　　　 C

（from beginning to end）.
　　　　　　M

3

① **解答** His words made me happy.

無生物主語のパターンです。「SによってOがCになる」という因果関係を読み取ります。

His words made me happy.　I am happy の関係
　S 　　V 　 O 　 C

② **解答** I found him interesting.

感想を述べる第5文型です。「彼のことを興味深いと思った」から find O C「OをCと思う」を使います。

I found him interesting.　He is interesting の関係
S 　V 　 O 　　 C

him = interesting の関係です。性格的に「興味深い」ときには人にも interesting を使えます。

16

Chapter 2
16講

第3文型の受動態

[演][習]の問題 → 本冊P.49

[1] ①[ウ] ②[ア]

[2] ① この大学ではイタリア語が教えられている。 ② この学校ではイタリア語が教えられていない。

[3] ① Is Korean taught at this university? ② Is this book used in this class?
③ When was the concert held?

[1]

① [解答] [ウ]

[訳] それは大企業だ。ここでは500人が雇われている。

第3文型の受動態です。受動態にするために**目的語を主語**にします。five hundred people が**複数の主語**です。〈**be動詞＋p.p.**〉に当てはめると[ウ] are employed となります。

be動詞＋p.p.
Five hundred people are employed here.
S V M

② [解答] [ア]

[訳] あなたの学校ではイタリア語が教えられていますか。

受動態の疑問文です。Italian is taught ～. が元の英文ですから、**疑問文**にするためには**主語とbe動詞をひっくり返し**ます。teach は teach - taught - taught の活用なので、過去分詞の taught を使えばOKです。

be動詞＋p.p.
Is Italian taught (at your school)?
V S p.p. M

アドバイス

受動態はなぜ使われるのか？

英語ではふつうは能動態を使えば事足ります。**受動態は多用しない**ほうがよいのですが、使うべき場面もあります。「**客観性**」を出して話したいときです。

- Lung cancer can be caused by passive smoking.

[訳] 肺ガンは受動喫煙によって**起こり得る**。

客観的に因果関係を伝えたいときにも受動態は使えるので、科学的な内容を扱う英文でも頻出です。

[2]

① [解答] この大学ではイタリア語が教えられている。

受動態の肯定文です。〈**S be動詞＋p.p.**〉の形を使っています。現在形なので「**～される**」と訳します。動作主を示す必要がないときは、by以下はつけません。

② [解答] この学校ではイタリア語が教えられていない。

受動態の否定文です。be動詞の後に not を入れ、Italian is **not** taught ～. となります。否定文なので、「～されていない」と訳します。

[3]

① [解答] Is Korean taught at this university?

受動態の疑問文です。疑問文は is が文頭に来ます。

Is Korean taught (at this university)?
V S p.p. M

② [解答] Is this book used in this class?

受動態の疑問文です。this book が単数なので、対応する be動詞は is です。ここでも疑問文なので、is が文頭に来ます。

Is this book used (in this class)?
V S p.p. M

③ [解答] When was the concert held?

疑問詞 when は質問の中で**最も聞きたいこと**なので、**文頭**に来ます。その後はふつうの疑問文と同じ語順です。be動詞は過去形を使います。

疑問詞
[When] was the concert held?
V S p.p.

> **1** ① was given　② was given／the winner
> **2** ① was awarded the Nobel Peace Prize　② was awarded to Kazuo Ishiguro in 2017
> **3** ① Martin Luther King Jr. was awarded the Nobel Peace Prize.／The Nobel Peace Prize was awarded to Martin Luther King Jr.

1

① **解答** was given

第4文型は2通りの受動態ができるので、何が主語になっているかチェックする必要があります。O₁のmeが、書き換える文の主語でIになっているので、〈be動詞＋p.p.〉の形を使って受動態を作ります。過去形なので、be動詞はwasです。

I was given a lovely watch
S　V　　　　O

（by my mother）（last year）.
　　M　　　　　M

② **解答** was given／the winner

第4文型の受動態は物が主語に来た場合、文中の人を示す際に前置詞が必要になります。a trophyが主語になるので、**人の前にto**が置かれます。

A trophy was given（to the winner of the competition）.
　S　　　V　　　　　　　M

> **アドバイス**
>
> 「隣に座られる」は受動態？
>
> 日本語ではどんな動詞でも「〜れる」とすることで受け身の文を作ることができます。では、英語のsitはどうでしょうか？　残念ながら受動態にすることはできません。元々の文の目的語（O）が主語になる特性上、英語で受動態にできるのは**他動詞のみ**です。sitのような自動詞は基本的には受動態にできず、次のように**能動態**で言います。
>
> • Someone sat next to me.
> 訳 誰かが私の隣に座った。

2

① **解答** was awarded the Nobel Peace Prize

O₁（**人**）を主語にした**第4文型の受動態**の文です。〈**人**＋**be動詞**＋**p.p.**＋**物**〉の語順にします。

Mother Teresa was awarded the Nobel Peace Prize.
　　S　　　　　V　　　　　　O

② **解答** was awarded to Kazuo Ishiguro in 2017

O₂（**物**）を主語にした**第4文型の受動態**の文を作ります。〈**物**＋**be動詞**＋**p.p.**＋**to**＋**人**〉の語順で、人の前にtoが入ります。

The Nobel Prize in Literature was awarded
　　　　S　　　　　　　　　　V

（to Kazuo Ishiguro）（in 2017）.
　　M　　　　　　　M

3

① **解答** Martin Luther King Jr. was awarded the Nobel Peace Prize. ／ The Nobel Peace Prize was awarded to Martin Luther King Jr.

訳 彼らはマーティンルーサーキングJr.にノーベル平和賞を送った。

能動態では主語がTheyです。これは審査委員のことですが、受動態では自明なのでby以下は省略できます。解答の1つ目の文は〈**人**＋**be動詞**＋**p.p.**＋**物**〉の語順です。2つ目の文は〈**物**＋**be動詞**＋**p.p.**＋**to**＋**人**〉の語順になります。

Chapter 2
18講 第5文型の受動態

[演][習]の問題 ➡ 本冊P.53

[1] ①㋒ ②㋒

[2] ① is called the Statue of Liberty ② had my favorite wallet stolen

[3] ① What is this bird called in English? ② I had my laptop stolen.

[1]

① [解答] ㋒

[訳] カナダの国旗の中心には楓の葉が見える。だからカナダの国旗は往々にして非公式には「メープル・リーフ」と呼ばれる。

〈**be動詞＋p.p.**〉の間に副詞が2個入っています。often と unofficially を除けば、「国旗が～と呼ばれる」と受動態を使うことがわかります。

～, so the flag is often unofficially called
M M

"the Maple Leaf."

② [解答] ㋒

[訳] 私はとにかく怖いので、今日歯を抜いてもらいたいとは思えない。

have O p.p.「Oを～してもらう」の形です。「私の歯」＝「抜かれる」という関係なので、過去分詞の pulled を使います。

I don't want to have my tooth pulled ～.
S V O p.p.

アドバイス 

have O p.p. は入試で頻出

「～される」が出題されると、ほとんどの受験生は〈be動詞＋p.p.〉だけを連想します。ところが実際には**have O p.p.** の**利益**で「**～してもらう**」や**被害**の「**～される**」も高頻度で出題されます。

• I had my hair cut at the hair salon.
[訳] 私は美容室で髪の毛を**切ってもらった**。

目的語と補語が**能動**「～する」なのか**受動**「～される」なのかに気を配り、have を使った表現を得意にしていきましょう。

[2]

① [解答] is called the Statue of Liberty

SVOCの受動態です。〈**S be動詞＋p.p.**〉の形を使っています。call O C「OをCと呼ぶ」の目的語を主語にして、受動態にした形です。

They call it the Statue of Liberty.
S V O C

It is called the Statue of Liberty.
S V C

② [解答] had my favorite wallet stolen

have O p.p.「Oが～される」の形です。「私のお気に入りの財布」＝「盗まれた」という関係なので、過去分詞の stolen を使います。

I had my favorite wallet stolen.
S V O p.p.

[3]

① [解答] What is this bird called in English?

疑問詞を使った受動態の疑問文です。まず受動態を使わず、シンプルな能動態の場合どうなるか見てみましょう。

Do you call this bird what (in English)?
S V O C M

疑問詞の what は文頭に移動するので、次のように変形します。

[What] do you call this bird (in English)?
C S V O M

↓受動態にして

[What] is this bird called (in English)?
C V S p.p. M

② [解答] I had my laptop stolen.

have O p.p.「Oが～される」の形です。「私のノートパソコン」＝「盗まれた」という関係なので、過去分詞の stolen になります。

I had my laptop stolen.
S V O p.p.

> **1** ① 工 ② ウ
>
> **2** ① Many young people like 〈reading books on their smartphones〉.／多くの若者は、スマートフォンで本を読むのが好きだ。
>
> ② 〈Taking a walk〉 is good for your health.／散歩をすることは健康にいい。
>
> **3** ① I love watching movies in the theater. ② My hobby is reading detective stories.

1

① **解答** 工

動名詞が**補語**になる**パターン**です。主語の My hobby と空所以降に**イコール関係**が成立します。taking 〜 flowers「野生の花の写真を撮ること」が**動名詞**であり、**文の補語**になっています。

My hobby is 〈taking pictures of wild flowers〉.
　S　　　V　　　　　　　　　　　　C

② **解答** ウ

動名詞が**目的語**になる**パターン**です。空所の直前の現在進行形の is considering「考えている」に注目すると、consider は他動詞で、**動名詞**を目的語に取ります。taking 〜 friend「母の友人の面倒を見ること」が**動名詞**で、**文の目的語**です。

Mr. Yajima is considering 〈taking care of his
　　S　　　　　V　　　　　　　　　　O

mother's friend〉（for a while）.
　　　　　　　　　　　　M

アドバイス

動名詞は反復性のあることに使う

動名詞の特徴は**反復性**です。**趣味**や**習慣**などの説明に使いやすい文法です。

• My hobby is playing **chess**.
訳 私の趣味は**チェス**をすることだ。

動名詞を使うことで、チェスは繰り返し行う趣味であることを明確に伝えられます。また、ここで言う hobby とは、ややお金をかけて行うような趣味のことで、気分転換や気軽にやることよりも「本気の趣味」のようなニュアンスです。なお、実際の会話ではこのような表現をする方が自然です。

• I like playing **chess** in my free time.
訳 私は暇なときにチェスをすることが好きだ。

• I play chess for fun.
訳 私は趣味でチェスをする。

in my free time「暇なとき」や for fun「娯楽のために」→「趣味で」のような語句を加えると、よりこなれた感じの表現になるでしょう。

2

① **解答** Many young people like 〈reading books on their smartphones〉.／多くの若者は、スマートフォンで本を読むのが好きだ。
動名詞が**目的語**になる**パターン**です。reading books on their smartphones が like の**目的語**になっています。**動名詞**の「スマートフォンで本を読むこと」を**目的語**として**訳出**します。

② **解答** 〈Taking a walk〉 is good for your health.／散歩をすることは健康にいい。
動名詞が**主語**になる**パターン**です。Taking a walk が文の**主語**になっています。**動名詞**の「散歩をすること」を**主語**として**訳出**します。

3

① **解答** I love watching movies in the theater.
動名詞が**目的語**になる**パターン**です。「劇場で映画を観ること」を**動名詞**の名詞句にして、love の**目的語**にします。

I love 〈watching movies〉（in the theater）.
S　V　　　　　　O　　　　　　　M

② **解答** My hobby is reading detective stories.
動名詞が**補語**になる**パターン**です。「推理小説を読むこと」を**動名詞**のカタマリにして、文の**補語**にします。「趣味」のように、**反復性のあること**は動名詞を使います。

My hobby is 〈reading detective stories〉.
　S　　　V　　　　　　　C

1 ①エ ②ウ

2 ① あなたが入念に試験の準備をするのは大事だ。

② 新しいスマートフォンを買いたいが、そうする余裕がない。

3 ① It is important to practice speaking English every day

② it is important to keep an open mind

1

① **解答** エ

訳 私の夢は病院でたくさんの病気の人々の世話をすることだ。

不定詞が補語になるパターンです。主語の My dream と空所以降に**イコール関係**が成立します。to look after ～ hospital「病院でたくさんの病気の人々の世話をすること」が**文の補語**になります。

My dream is 〈to look after a lot of sick people
S　　　 V　　　　　　　　　　　　　　 C

[in the hospital]〉.

② **解答** ウ

訳 A: あなたは来週パーティーに来ますか。

B: 行きたいのですが、行けません。柔道の練習が入ってしまいました。

不定詞が目的語になるパターンです。〈would like to ＋動詞の原形〉は〈want to ＋動詞の原形〉「～したい」の丁寧な言い方です。**同じ語の繰り返しを避けるため、to の後は省略**されています。〈would like to ＋動詞の原形〉は実現性が低いことでも願望として伝えることができます。エのミスが多いのですが、現在形で用いると「実現して欲しいと現実的に思っていること」に使われるので、ふさわしくありません。

省略を補うと次のようになります。

I'd like to {come to the party next week}, but ～.

2

① **解答** あなたが入念に試験の準備をするのは大事だ。

形式主語の it が最初に置かれ、**真主語の不定詞が後ろに来るパターン**です。不定詞の前に〈for ＋名詞〉が置かれると、**不定詞の意味上の主語**を表し、「～が」と訳されます。

形式主語　　　　　　　　　　　 真主語
It is important for you to prepare carefully for
S V　　　　 C　　 意味上の主語

your exams.

② **解答** 新しいスマートフォンを買いたいが、そうする余裕がない。

不定詞が目的語になるパターンです。to buy a new smartphone「新しいスマートフォンを買うこと」が**不定詞**で、**文の目的語**になっています。

I want 〈to buy a new smartphone〉, but I can't
S V　　　　　　　　　 O　　　　　　 S V

afford 〈to do so〉.
　　　　　　 O

3

① **解答** It is important to practice speaking English every day

「毎日英語を話す練習をすること」を**不定詞のカタマリ**にして、**文の主語**にします。**形式主語の it** を最初に置いて**不定詞を後ろに回す**と自然です。

It is important 〈to practice speaking English〉
S V　　 C
(every day).

② **解答** it is important to keep an open mind

「柔軟でいること」を**文の主語**にします。これも形式主語の it を使うとうまくまとまります。

　　 形式主語
～ it is important 〈to keep an open mind〉.
　 S V　　 C　　　　　　　　 真主語

Chapter 3
21講 不定詞 [2]

[演][習]の問題 →本冊P.59

[1] ①㋒ ②㋒

[2] ①もし何もやることがないのなら、ここにいてください。 ②それを聞いてとても残念だ。

[3] ①he was happy to find ②good way to learn／to make friends with

[1]

① [解答] ㋒

[訳] 私は英語の先生になるために、毎日一生懸命に勉強している。

不定詞の副詞的用法です。後半のto be an English teacher「英語の先生になるために」がstudy「勉強する」という**動詞を修飾**しています。

I study hard (every day) (to be an English teacher).
S V M M M

② [解答] ㋒

[訳] 何か書くものを借りられますか。ペンを持っていないのです。

不定詞の形容詞用法です。to write with「〜で書く」がsomething「もの」という**名詞を修飾**しています。2文目から「筆記用具が無い」とわかるので、「〜を使って」を表すwithを含むものを選びます。

Can I borrow something [to write with]?
S V O

アドバイス 

不定詞の形容詞的用法を極める

形容詞的用法では**名詞と不定詞に2つの関係性**があります。

① **S'—V'** という関係性

- someone to love me

「誰かが(S')私を愛する(V')」

意味は「私を愛してくれる人」となります。

② **O'—V'** という関係性

- someone to love ∅「誰かを(O')愛する(V')」
- someone to talk to ∅

「誰かに(O')話しかける(前)」

1つ目は「愛する人」、2つ目は「話しかける人」の意味です。このパターンは∅の場所に**目的語が欠け**ます。

[2]

① [解答] もし何もやることがないのなら、ここにいてください。

不定詞の形容詞的用法です。to do「する」がnothing「何もない物」という**名詞を修飾**しています。形容詞的用法では基本的には「〜する名詞」と訳し、場面に応じて「〜するための」「〜すべき」などの言葉をつけ足しましょう。

Stay here [if] you have nothing [to do].
V M S V O

② [解答] それを聞いてとても残念だ。

不定詞の副詞的用法です。to hear that「それを聞いて」がsorry「残念だ」という**感情の形容詞を修飾**しています。sorryは「心が痛む感情全般」を表します。

I'm sorry (to hear that).
SV C

[3]

① [解答] he was happy to find

不定詞の副詞的用法です。先にhappy「嬉しい」という**感情の形容詞**を置き、**不定詞**を使って**後ろから補足説明**を加えるのがポイントです。

〜 he was happy (to find a bag of chocolate).
S V C

② [解答] good way to learn／to make friends with

1つ目の(　)内は**不定詞の形容詞的用法**です。to learn English「英語を学ぶ」という不定詞が、way「方法」という名詞を**後ろから修飾**しています。さらに、2つ目の(　)内は、**不定詞の名詞的用法**です。to make friends with the local people「地元の人々と友人になること」が**不定詞**で、**文の補語**になっています。

〜 one good way [to learn English] was ⟨to make friends with the local people⟩.
S V C

---

1 ① 壊れた時計 ② 日の出 ③ 壊れた関係 ④ 盗まれた商品〔盗品〕 ⑤ 働いている女性
⑥ 生き物

2 ① broken computer ② living things〔creatures〕 ③ broken glass ④ rising sun
⑤ working mothers ⑥ stolen information

3 ① All living things are ② Don't touch the broken glass

1

① **解答** 壊れた時計
過去分詞（以下 **p.p.**）で「**壊された**時計」→「壊れた時計」の意味。

② **解答** 日の出
現在分詞で「**昇っている**太陽」→「日の出」の意味。「日没」は「沈んでいる太陽」と考えて the setting sun になります。

③ **解答** 壊れた関係
p.p. で「**壊された**関係」→「壊れた関係」の意味。

④ **解答** 盗まれた商品〔盗品〕
p.p. で「**盗まれた**商品」→「盗品」の意味。

⑤ **解答** 働いている女性
現在分詞で「**働いている**女性」の意味。工夫して「働く女性」と訳す場合もあります。

⑥ **解答** 生き物
現在分詞で「**生きている**物」→「生き物」の意味。

アドバイス

分詞は形容詞の一種と考える

分詞は名詞を修飾するため、**形容詞の一種**です。a thick book「分厚い本」と同様に、a sleeping baby は「眠っている赤ちゃん」と**名詞を修飾**します。分詞のような単元でも、品詞の知識が土台になるのです。

• a pretty girl
訳 かわいい女の子

• the broken watch
訳 壊れた時計

名詞を修飾する点を押さえれば、あとは分詞は能動的な現在分詞「～する／している」と受動的・完了的な過去分詞「～される／～した」を押さえればOKです。

2

① **解答** broken computer
「**壊された**」と考え、**p.p.** の broken を使います。

② **解答** living things〔creatures〕
「**生きている**物」と考え、**現在分詞** living です。

③ **解答** broken glass
「**壊された**グラス」と考え、**p.p.** の broken です。

④ **解答** rising sun
太陽自体が「**昇る**」ため、**現在分詞** rising です。

⑤ **解答** working mothers
「**働く**」は**能動的**な意味なので、**現在分詞**で表します。

⑥ **解答** stolen information
「**盗まれた**」は **p.p.** の stolen を使います。

3

① **解答** All living things are
限定詞の all が先頭に来ます。その後の「生き物」は living things の**語順**です。all living things とあるのは「すべての生きとし生けるもの」くらいの意味になります。

② **解答** Don't touch the broken glass
〈Don't ＋ 動詞 の 原形 ～.〉から始めます。the broken glass の broken は **p.p.**「**壊された**」の意味です。

Chapter 3
23講 分詞[2]

[演][習]の問題 ➡ 本冊P.63

[1] ①㋑ ②㋐

[2] ① 私たちの結婚式典に招待された人の中にはハワイ出身の方もいる。
② 私は旧友から私に送られた手紙を読んだ。

[3] ① You need a letter of recommendation written in English
② The languages spoken in Canada are English and French

[1]

① [解答] ㋑

[訳] ボブ・ディランは世界で最も偉大な存命の音楽家の1人だ。

分詞の**前置修飾**(前から名詞にかかる役割)です。alive「生きている」を選んだかもしれませんが、alive はHe is alive.「彼は生きている」のように**叙述用法**で使います。**限定用法**(主語を補足説明する役割)で使う場合、現在分詞の㋑ living を使うのです。

② [解答] ㋐

[訳] 私は英語で書かれた手紙を受け取って驚いた。

分詞の**後置修飾**です。「英語で書かれた手紙」という場合、名詞に対して**2語以上の語句が後続**するパターンに当たります。受動的な内容なのでp.p. を使います。

アドバイス

後置修飾を前から処理するコツとは？

後置修飾は名詞の説明を読む前に「どんな？」という疑問を持ちながら読むと、止まることなく前から順に理解できます。

- The dialect [spoken in London] is called Cockney.

[訳] ロンドンで**話される**方言はコックニーと呼ばれる。

ここでは、「方言」→「どんな？」→「ロンドンで話される」という感じで読みときます。「**大まかな情報**」→「**詳細説明**」を意識します。

[2]

① [解答] **私たちの結婚式典に招待された人の中にはハワイ出身の方もいる。**

分詞の**後置修飾**の文構造の把握がポイントです。

Some of the people (S) [invited to our wedding reception] are (V) from Hawaii (C).

invited ～ reception が some of the people「人の中には」という**名詞を後ろから修飾**しています。

② [解答] **私は旧友から私に送られた手紙を読んだ。**

分詞の**後置修飾**です。sent ～ friend までが「手紙」にかかります。p.p. の sent は受動の意味で訳します。

I (S) read (V) a letter (O) [sent to me by an old friend].

[3]

① [解答] **You need a letter of recommendation written in English**

分詞の**後置修飾**のパターンです。後置修飾がかかるのはa letter of recommendation「推薦書」です。

You (S) need (V) a letter of recommendation (O) [written in English].

② [解答] **The languages spoken in Canada are English and French**

分詞の**後置修飾**のパターンです。spoken ～ Canada がthe languages「言語」の後置修飾になっています。

The languages (S) [spoken in Canada] are (V) English and French (C).

Chapter 3
24講 分詞構文

[演][習]の問題 ➡ 本冊P.65

[1] ①㋐ ②㋒
[2] ① 何をすべきかわからず、マリアは私に助けを求めた。
② 何を言うべきかわからず、彼女は黙ったままだった。
[3] ① Feeling lonely, Jessica texted her boyfriend.

[1]

① [解答] ㋐
文頭に置かれる**分詞構文**です。文をつなぐためには接続詞が必要ですが、選択肢にありません。**接続詞なしでも使える分詞構文**を使い、Feeling lonelyとします。なお、make a phone call「電話をかける」という熟語も覚えておきましょう。

(Feeling lonely),
I made a phone call (to my best friend).
S V O M

② [解答] ㋒
[訳] 何と言っていいかわからず、彼女は彼に何も言わなかった。
分詞構文の否定文です。後半の主節の内容がnot any「全く～ない」の完全否定で「彼女は彼に何も言わなかった」という内容なので、前半も「何と言っていいかわからず」という否定の内容が入ります。分詞構文の否定文はNot Vingを使います。よって、㋒ **Not knowing**が正解です。

(Not knowing 〈what to say〉),
Not + Ving(否定の分詞構文)
she didn't say anything (to him).
S V O M

アドバイス

分詞構文がp.p.から始まるパターン

過去分詞(p.p.)から始まる分詞構文もあります。

- Seen from the sky, the island looks like a big bird.

[訳] 空から**見ると**、その島は大きな鳥のように見える。

理屈上、分詞構文はVing形なので、Being seen～も可能に思えます。実はbe動詞は主語と補語の＝でつなぐために必要なもので、**主語がないときは不要**です。

[2]

① [解答] 何をすべきかわからず、マリアは私に助けを求めた。
分詞構文の否定文です。Not knowing what to doは「何をすべきかわからず」とします。主節との間に**因果関係**があるため、「～なので」と訳してもOKです。

(Not knowing what to do),
否定の分詞構文
Maria asked me (for help).
S V O M

② [解答] 何を言うべきかわからず、彼女は黙ったままだった。
分詞構文の否定文です。Not knowing what to sayで「何を言うべきかわからず」と訳します。主節との間に**因果関係**があるので、「～なので」と訳してもOKです。ちなみに、remainは第2文型で使われると「Cのままだ」となります。

(Not knowing what to say), she remained silent.
否定の分詞構文 S V C

[3]

① [解答] **Feeling lonely, Jessica texted her boyfriend.**
[訳] 寂しくて、ジェシカは彼氏にメールをした。
まず接続詞のAsを取り、次にJessicaとsheが同一人物であることから**省略**します。最後にfeltを**現在分詞のfeeling**に変えれば完成です。

(Feeling lonely), Jessica texted her boyfriend.
S V O

1　①エ　②エ

2　① 私の娘は学費の高い大学に通っている。
　② 私が誤って帽子を取ってしまった女性はかなり怒っていた。

3　① friend who had a strange　② He is a student who got a full score on the test

---

1

① **解答** エ
訳 アイザック・ニュートンは、なぜリンゴが地面に落下するのかを最初に説明した人物だ。
first が副詞なので、その次の explained が関係詞節の動詞です。**先行詞**が the man と人でかつ**主語の代わりをする関係詞**が必要なので エ who が正解です。

Isaac Newton is the man [who first explained
　　　　　S　　　　V　　　C　　 s　　　　v

〈why apples fall down to the ground〉].
。

② **解答** エ
訳 もし私の苗字をインターネットで検索すれば、私と同じ名前の人はほとんどいないだろう。
先行詞が few people です。空所の直後が**無冠詞の名詞**になっており、「～の」という文脈に沿うので**所有格の** エ whose を使います。

～, there will be few people
　　　　　M　　　V　　　S

[whose name is the same as mine].
所有格　　s　　v　　　c

アドバイス

関係代名詞の基礎は中学の代名詞の知識

主格（～は／が）とは**主語の役割をする代名詞のこ**とです。I／you／he／she／we／they などの**人の主語**の代わりに関係代名詞 who[that] を使います。一方、it「それ」や they「それら」のような**物を表す主語**の代わりに使う関係代名詞は that[which] です。さらに、**所有格の関係代名詞は先行詞が人でも物でも whose** を使い、直後に**無冠詞の名詞**を取ります。所有格（～の）は my／his／their などの代わりを務めているだけなので、代名詞の格変化と共に押さえれば OK です。

2

① **解答** 私の娘は学費の高い大学に通っている。
所有格の関係代名詞＋名詞がポイントです。

～ a university [whose **tuition** is high].
　　　　　　　　　　　s　　　v　　c

「学費が高い大学」と訳出します。whose 以下が**形容詞節**として、名詞の university を修飾しています。

② **解答** 私が誤って帽子を取ってしまった女性はかなり怒っていた。
形容詞節の範囲の把握がポイントです。先行詞の the lady を修飾する形容詞節が whose から mistake までなので、**長い主語を作るパターン**になっています。

The lady [whose hat I took (by mistake)]
　　S　　　　　　o　　s　v　　　M

was rather upset.
　V　　M　　C

3

① **解答** friend who had a strange
主格の関係代名詞 who を使います。先行詞が a friend「友人」で、had の主語の役割になっています。

I have a friend [who had a strange experience].
S　V　　O　　　　s　　v　　　　　o

② **解答** He is a student who got a full score on the test
主格の関係代名詞 who を使います。先行詞が a student「学生」で、got の主語の役割になっています。ちなみに、get a full score「満点を取る」はよく狙われるので、しっかり覚えておきましょう。

He is a student [who got a full score (on the test)].
S　V　　C　　　　s　　v　　　o　　　　M

1 ① ウ ② イ

2 ①ローマは私がこの夏休み訪れたい都市だ。　② これは私が昨年訪れた有名な美術館だ。

3 ① This is a country that I would like to visit someday

② the woman whom we met on the plane

1

① **解答** ウ

訳 オーストラリアは私がその夏訪れた最初の国だった。

先行詞が the first country です。visit は**他動詞**なので、後ろに**目的語を必要**とします。正解は**目的格の関係代名詞の**ウ that です。

Australia was the first country
　　S　　　V　　　C

[that I visited ∅ (that summer)].
　o　　s　　v　　　M

② **解答** イ

訳 ギリシャはほかのどんな国よりも訪れたい国だ。

visit に対する**目的語が欠けています**。先行詞が the country なので、**物を先行詞に取るパターン**です。**目的格の関係代名詞の**イ which が正解です。なお、more than any other country「ほかのどの国よりも」は**副詞句**で、目的語ではありません。

Greece is the country [which I would like to visit ∅
　S　　V　　　C　　　　o　　s　　　　　v

(more than any other country)].
　　　　　　M

2

① **解答** ローマは私がこの夏休み訪れたい都市だ。

先行詞は the city であり、他動詞 visit の**目的語が欠けています**。目的格の関係代名詞 which は目的語の it の代わりをしています。

Rome is the city [which I wish to visit ∅]
　S　V　　C　　　o　　s　　v

(this summer vacation).
　　　　　M

② **解答** これは私が昨年訪れた有名な美術館だ。

目的格の関係代名詞の省略です。

This is the famous museum [I visited ∅ (last
　S　V　　　C　　　　　　s　v　　　M

year)].

---

that または which が**省略**されています。なお、last year は副詞句で、目的語ではありません。

3

① **解答** This is a country that I would like to visit someday

visit の後ろの**目的語が欠けています**。that は**目的格の関係代名詞**として使われています。ちなみに、someday は副詞句なので、目的語ではありません。

This is a country
　S　V　　C

[that I would like to visit ∅ (someday)].
　o　s　　　　　v　　　M

② **解答** the woman whom we met on the plane

目的格の関係代名詞です。met の後に**目的語が欠けている**ので、whom はその代わりをします。her「彼女に」の代用で whom が使われています。

Do you remember the name of the woman
　S　　V　　　　　　O

[whom we met (on the plane) (from Okinawa to
　o　　s　v　　　M　　　　　　M

Miyazaki) (yesterday)]?
　　　　　　M

27

Chapter 4 27講

関係副詞

[演][習]の問題 → 本冊P.71

[1] ①㋑ ②㋒

[2] ① これはジョンが妻と散歩することを好んだ有名な公園だ。

② そういうわけでほとんどの医師と看護師は今日病院でマスクを着用している。

[3] ① why she would like to study abroad ② how I learned English in Japan

[1]

① [解答] ㋑

[訳] バルセロナは私がこの間の夏滞在することを満喫した都市だ。

関係副詞のwhereがポイントです。enjoyed stayingのstayが**自動詞**なので、後ろに目的語は必要ありません。**完全文**なので、**関係副詞**の㋑ **where**が正解です。

Barcelona is the city [where I enjoyed staying (last summer)].

(Barcelona: S / is: V / the city: C / I: s / enjoyed: v / staying: o / (last summer): M)

② [解答] ㋒

[訳] 18世紀は英国が産業革命を経た時代だった。

先行詞は**時**のthe periodです。空所の後ろを見ると、SVOの**完全文**になっています。**時を表す関係副詞**の㋒ **when**が正解です。

The 18th century was the period [when Britain had the Industrial Revolution].

(The 18th century: S / was: V / the period: C / Britain: s / had: v / the Industrial Revolution: o)

アドバイス

関係副詞のhowとwhyは曲者

この2つは**先行詞を省略**するのが一般的です。

- This is how I lost weight.

[訳] **このようにして**私はやせた。

- This is why I like him.

[訳] **こういうわけで**私は彼が好きだ。

- This is {the way} [how I lost weight].
  (This: S / is: V / the way: C)
- This is {the reason} [why I like him].
  (This: S / is: V / the reason: C)

the way howやthe reason whyとするとくどくなるため、**省略してシンプルに使う**方がよいのです。

[2]

① [解答] **これはジョンが妻と散歩することを好んだ有名な公園だ。**

where以下が**完全文**になっており、the famous parkにかかる**形容詞節**です。

This is the famous park [where John liked 〈to take a walk〉 with his wife].

(the famous park: 先行詞 / John: s / liked: v / 〈to take a walk〉: o / with his wife: M)

ちなみにtake a walkは「散歩する」の意味です。

② [解答] 病気を予防することは治すことよりもよい。**そういうわけでほとんどの医師と看護師は今日病院でマスクを着用している。**

That's whyは「そういうわけで」の意味です。後ろには**完全文**を取ります。nowadaysは副詞です。

That's {the reason} [why most doctors and nurses (nowadays) wear masks (in hospitals)].

(That's: SV / the reason: C / most doctors and nurses: s / (nowadays): M / wear: v / masks: o / (in hospitals): M)

[3]

① [解答] why she would like to study abroad

理由を表す関係副詞のwhyがポイントです。That's whyは「そういうわけで」の意味です。後ろには**完全文**のSVが来るため、sheの後は〈would like to＋動詞の原形〉を使えばOKです。

That's {the reason} [why she would like to study abroad].

(That's: SV / the reason: C / she: s / would like to study: v / abroad: M)

② [解答] how I learned English in Japan

方法を表す関係副詞のhowがポイントです。This is howは「このようにして」の意味になりhowの後はI learned Englishと**完全文**にすればOKです。

This is {the way} [how I learned English (in Japan)].

(This: S / is: V / the way: C / I: s / learned: v / English: o / (in Japan): M)

28講 論理関係を表す従属接続詞

演習の問題 → 本冊P.73

1 ① ウ ② エ ③ エ

2 ① so quickly that I could not write down

3 ① David studied hard so that he could win the scholarship.

1

① **解答** ウ

訳 そのドーナツはあまりにも甘かったので食べ終えることができなかった。

〈**so 形容詞 that S can't V**〉の形は「**とても〜なので…できない**」の構文です。主節と従属節には明確な因果関係があります。また、主節の時制が過去なのでthat以下もそれに合わせ（**時制の一致**）、can'tがcouldn'tになります。

The donut was so sweet that
　S　　V　　　　C
I couldn't finish 〈eating it〉.
S　　V　　　　　　O

② **解答** エ

訳 そこへ1時間早く着けるように飛行機に乗りましょう。

〈**so that S can V**〉の形で**目的**を表す構文です。so that以下にはメリットが来ると考えてOKです。〈**get + 場所を表す副詞(句)**〉の形で「〜に到着する」の意味になります。

Let's take a plane so that
　　　V　　　O
we can get there (one hour earlier).
S　　V　　M　　　　　M

③ **解答** エ

訳 先進国もあれば、発展途上の国もある。

対比関係に着目します。developedとdevelopingの**対比**を表すため接続詞whileを使います。developed countriesが「先進国」、developing countriesが「発展途上国」ということを押さえておきましょう。ちなみに、**文頭のwhile**は**譲歩**を意味することもあります。

Some countries are developed, while others are
　S　　　　　be + p.p.　　　　　　　S
developing.
　be + Ving

アドバイス

so that構文のメリットとは？

so thatを使った構文は広い意味で**メリットを表す**と考えらえます。

・I got up early so that I could catch the first train.
訳 私は始発電車に間に合うように早く起きた。

so thatの後には「始発電車に間に合う」というメリットが来るのです。ちなみに、「〜するために」という**目的**で訳すことが大半ですが、", so that 〜"のように**カンマを伴う**ときは「〜して、その結果」と解釈する方が自然です。

2

① **解答** so quickly that I could not write down

〈**so 副詞 that S could not V**〉の形になっています。**時制の一致**があり、couldは**過去形**です。**write down**は「〜を書き留める」という意味です。

The lecturer spoke so quickly that I could not write
　S　　　　V　　　　　副詞　　S　　　V
down everything [he said].
　M　　　O

3

① **解答** David studied hard so that he could win the scholarship.

〈**so that S can V**〉の形で**目的**を表す構文になります。studiedの過去形に合わせて、canの過去形couldにします。

David studied hard so that
　S　　V　　　M
he could win the scholarship.
S　　V　　　　O

29

1 ① イ　② エ

2 ① もう一つの考えは、学校がデジタル教科書を採用すべきかどうかについて話し合うことだ。
　　② いつ期末レポートが締め切りか知っていますか。

3 ① how much it costs to scrap　② The question is whether he can afford to pay

---

1

① **解答** イ

訳 有名なノートルダム大聖堂が火事によって多大なる被害を受けた。それを修理するのにどのくらい時間がかかるのかなあと思う。

ふつうの**疑問文**では How long will it take to restore it? となります。今回は文中で**名詞節**になる**間接疑問文**なので、how long の後ろが **SV の語順**になります。

〜. I wonder 〈how long it will take 〈to restore it〉〉.
　　　　　S　　V　　　　　O　　　　　　　v

② **解答** エ

訳 彼らが売り上げ目標を達成できるか否かは今期の業績に左右される。

主語のところに「彼らが売り上げ目標を達成できるかどうか」という意味の**名詞節**が来ます。though と unless は名詞節を作ることはできず、what は直後に名詞の足りない節を導きますので、「〜かどうか」の意味のエ **Whether** が正解です。

〈Whether they can achieve the sales target or not〉
　　　　　　S　　s　　　v　　　　　o

depends on their performance (this quarter).
　V　　　　　O　　　　　　　　M

アドバイス

「〜かどうか」の whether と if の違いとは？

whether は位置が **S、O、C** のどこでも **OK** で、if は**目的語のみ**に使われます。if は ask、wonder、know、tell などの「〜かどうか」という目的語を取る**動詞の目的語**としてのみ使われます。一方、whether は**主語**や**補語**など、**動詞の目的語以外**にも使用できます。また、**whether は or not** との組み合わせで使われますが、if は通常は **or not** と一緒には使われません。

2

① **解答** もう一つの考えは、学校がデジタル教科書

を採用すべきかどうかについて話し合うことだ。
debate は**他動詞**です。**whether SV「〜かどうか」**が名詞節となり、debate の目的語になります。to debate 以下が文全体の**補語（C）**になっています。

Another idea is 〈to debate whether schools should
　　　　S　　V　　　　C　　　　　　　　S

adopt the use of digital textbooks〉.
　V　　　　　　O

② **解答** いつ期末レポートが締め切りか知っていますか。

when 以下は know の**目的語**です。**間接疑問文**となり、when SV の語順になっています。due は形容詞で「締め切りの迫った」となります。要チェックの意味です。

Do you know 〈when the term paper is due〉?
　S　　V　　O　　　　s　　　　　v　c

3

① **解答** how much it costs to scrap

know の**目的語**として**間接疑問文**を作ります。ふつうの疑問文なら**形式主語構文**を使って How much does it cost to scrap the car? になりますが、**間接疑問文**なので **how much SV** の語順にします。

Do you know 〈how much it costs to scrap this
　S　　V　　O　　　　　s　　v

car〉?

② **解答** The question is whether he can afford to pay

whether の作る名詞節がポイントです。「彼にそれだけの金が出せるかどうか」は **whether SV** を用いて表現します。**afford to V** で「**V する（金銭的な）余裕がある**」という意味です。

The question is 〈whether he can afford to pay
　　S　　　V　　　　　C　s　　　v

that much money〉.
　　o

---

1 ① イ ② エ ③ イ

2 ① サムは毎朝7時15分に電車に乗る。 ② ベネディクト氏はロサンゼルスに住んでいる。

3 ① I usually go to school by bike[bicycle]. ② He belongs to a soccer club[team].

1

① **解答** イ

訳 私の母は毎週日曜日に礼拝に行く。

every Sunday「毎週の日曜日に」から**現在時制**を使うとわかります。習慣的に行うことには現在形を使います。my motherが主語なので、三単現のsをつけ、イの goes の形にします。

② **解答** エ

訳 あなたはその男を信じることはできない。彼はいつもウソをつくのだ。

always「いつも」から**現在時制**を使うとわかります。lies「ウソ」と結びつくのはエの tells のみです。色々なウソをつくのか、ここでは複数形のsがついています。

③ **解答** イ

訳 理論上、水は100度で沸騰する。

基本的に変わることのないもの(**不変の真理**)には現在形を使います。水が100度で沸騰することは自然界の法則であり、基本的にいつも変わることがないです。

アドバイス

不変の真理を表す現在形

現在形の**不変の真理**も「いつもそうであること」の考え方を使えば解決します。

• The earth goes around the sun.
訳 地球は太陽の周りをまわっている。

科学の法則は基本的に変わることがないので、現在形を使うと理解しておけばバッチリです。

2

① **解答** サムは毎朝7時15分に電車に乗る。

Sam が主語なので、三単現のsがついています。every morning「毎朝」が普段の習慣を表すため、訳すときも現在形に注意が必要です。take a train で「電車に乗る」の意味です。

② **解答** ベネディクト氏はロサンゼルスに住んでいる。

三単現のsがついており、現在形とわかります。live は「住んでいる」と訳しますが、これは**普段から住んでいる**ことを表します。進行形で is living とすると、一時的に住んでいることを表します。

3

① **解答** I usually go to school by bike[bicycle].

これは**普段の習慣**を表しています。usually は「普段は」の意味で使われます。交通手段を表すときは by を使います。bike のほかに bicycle も正解です。

② **解答** He belongs to a soccer club[team].

これは「所属している」という日本語から進行形を使うと思ったかもしれません。しかし、進行形は「一時的」なものなので、部活動のように**普段から所属していることを表す場合は現在形**を使います。「基本的にいつもする」ことは現在形を使うという基礎を押さえればバッチリです。

---

1 ①エ ②ウ ③イ

2 ①3か月前に私は東京に引っ越した。 ②ケイトは先月ニューヨークに戻った。

3 ① I belonged to the basketball club[team] in junior high school[when I was a junior high school student].

② I read a lot of books in my youth.

1

① **解答** エ

訳 その日は晴れだった。

on that day「その日」が**過去を表す語句**です。that がつくと、**現在と距離がある**ことを表します。it が主語なので、**過去形のbe動詞はwas**を使います。

② **解答** ウ

訳 サチコは自分の小説が出版されたとき、まだ高校にいた。

was still in high school「まだ高校にいた」から**過去の出来事**だとわかります。出版されたのは**同時期**なので、空所にも**過去形**が入ります。主語が複数の her novels なので、**be動詞はwere**です。なお、イの have been は現在完了形（過去から今に何か影響を及ぼす時制）なので、今回は不正解です。

③ **解答** イ

訳 ジェフは国を横断する旅から戻ってきた後、仕事を辞めて、オンライン書店を始めた。

and の並列がポイントです。**過去形**の left があるので、同じ品詞と時制が入ります。正解は**過去形のstarted**です。

Jeff left his job and started an online bookstore
　　　過去形①　　　　　過去形②

after he came back from a cross-country road trip.

アドバイス

過去形は過去の1点を表す

過去形は「（今を含まない）過去の1点」を指します。

• I was shy when I was young.

訳 若かった頃、内気だった。

「今は違う」と現在と対比して使われるのです。

また、過去形を使うことによって「事実」を述べることができる点も重要です。例えば、次の例文もそのひとつです。

• I was small when I was a kid.

訳 子どもだった頃、私は小さかった。

これは事実として述べているので、英文を読むときにも何かのエピソードや実際の出来事を伝えているとわかります。

2

① **解答** 3か月前に私は東京に引っ越した。

過去を表す語句の three months ago「3か月前」がポイントです。また、moved と過去形になっているため、「引っ越した」と過去で訳します。

② **解答** ケイトは先月ニューヨークに戻った。

過去を表す語句の last month「先月」がポイントです。return に ed がついているので、過去形とわかります。訳すときも「戻った」と過去で訳します。

3

① **解答** I belonged to the basketball club[team] in junior high school [when I was a junior high school student].

過去形がポイントです。**belong に ed をつけて過去形にする**のも忘れないように注意です。「中学生のとき」は when I was a junior high school student と言うこともできます。

② **解答** I read a lot of books in my youth.

過去を表す語句は in my youth「若い頃」です。活用は read-read-read とスペリングは変わらず、過去形と過去分詞では発音だけ red「赤い」と同じになります。「たくさんの本」は many books も可能です。

1 ①ウ ②エ
2 ① セリーナは私が彼女のことを訪ねて行ったとき、友人と昼食を取っていた。
②明日の朝飛行機で発つ予定だ。
3 ① My brother is talking on the phone. ② Tom is leaving for Tokyo tomorrow.

1

① **解答** ウ

訳 昨夜あなたが電話をしたとき、私はピアノを演奏していた。

過去の基準点の「電話をしたとき」に、**一時的にやっていたこと**を言うときは**過去進行形**を使います。

② **解答** エ

訳 その貧しい女の子は、親切な女性が発見し、救急車を呼ぶまで歩道に横たわっていた。

前置詞のonがあるので、**自動詞のlieを使う**とわかります。lie - lay - lain - lyingの活用なので、正解はエの**lying**です。「親切な女性が発見し、救急車を呼んだ」がいずれも過去形なので、そのとき同時に「〜していた」ことを表すときには**過去進行形**を使います。

アドバイス

現在形と進行形の識別

現在形と進行形の識別ができると、英語のニュアンスがつかめるようになります。

・What do you do?
訳 普段から何をしますか。→職業は何ですか。

現在形だと普段から何をするかを聞いているので、「職業」を尋ねていることになります。僕がアメリカの友人の結婚式に行ったとき、ちょうどこの質問をよくされました。そのくらい日常生活の会話の切り出しで多いということです。

・What are you doing?
訳 あなたは何をしていますか。

現在形はいつもすることから「職業」を、進行形は「今している」ことを尋ね、意味が全く異なります。

2

① **解答** セリーナは私が彼女のことを訪ねて行ったとき、友人と昼食を取っていた。

「家を訪ねたとき」という過去の基準点があり、「昼食を取っていた」のは**過去に一時的にしていたこと**とわかります。過去進行形なので「〜していた」と訳します。

② **解答** 明日の朝飛行機で発つ予定だ。

進行形は**確定的な未来**を表すこともできます。tomorrow morning「明日の朝」という未来を表す語句があるので、「出発する予定だ」と訳せばOKです。よく閉館時間の案内放送でもThe library is closing in five minutes.「5分後に図書館が閉館します」と流れます。

3

① **解答** My brother is talking on the phone.

主語がmy brotherなので、進行形を作るとき、be動詞はisを使います。ちなみに、「電話で」はon the phoneやover the phoneを使います。

② **解答** Tom is leaving for Tokyo tomorrow.

「明日」という**未来を表す語句**があり、かつ「進行形を使って」という指示があります。使うのは進行形で未来を表す用法です。Tomが主語なので、be動詞はisを使います。「〜に出発する」にはleave for 〜が便利です。

Chapter 5
33講 現在完了形[1]

[演][習]の問題 ➡ 本冊P.83

1 ①㋒ ②㋑

2 ① どのくらい日本に住んでいるのですか。 ② 私は10年間日本に住んでいる。

3 ① We have known each other since childhood.

② More than four hundred years have passed since Shakespeare died.

1

① [解答] ㋒

[訳] 彼は東京に2010年にやって来て、それ以来ずっとここに住み続けている。

継続用法です。heが主語なので三人称単数現在のsをつけて、㋒の**has lived**の形を取ります。ever sinceの後にはhe came to Tokyoが省略されています。

He came to Tokyo in 2010 [and](並列) has lived here ever since {**he came to Tokyo**}.

② [解答] ㋑

[訳] 私がギターを習い始めてから約1年が経つ。

現在完了形の**継続用法**で用いられるsinceは、後ろに**過去を表す語句**か**節(S＋過去形)の形**を取ります。今回はS＋過去形が続くパターンなので、㋑の**started**が正解です。

アドバイス

現在完了進行形

現在完了形には応用の**現在完了進行形**(have been＋Ving)があります。

• I have been teaching English for 15 years.

[訳] 私は15年間**英語を教え続けている**。

動作動詞(〜する系)を**継続していることを強調**するニュアンスで使われます。この形は英作文でも狙われるので、ぜひチェックしておきましょう。ちなみに形は現在完了形(have＋過去分詞)と進行形(be＋Ving)が合体したものです。

2

① [解答] **どのくらい日本に住んでいるのですか。**

How long 〜?「どのくらいの間」は現在完了形の**継続用法**と相性がよいです。後ろはhave you livedと疑問文の語順になります。

② [解答] **私は10年間日本に住んでいる。**

〈have＋過去分詞〉なので、時制は現在完了形です。〈for＋期間〉「〜の間」は現在完了形の**継続用法**で使われます。

3

① [解答] **We have known each other since childhood.**

sinceは後ろに**過去を表す語句**を使い、since childhood「子どもの頃から」となります。節で書くと次のように表すことができます。We have known each other since we were children.

② [解答] **More than four hundred years have passed since Shakespeare died.**

passを用いるパターンでは〈**年月＋have passed**〉の形を使います。年月には**more than four hundred years**を**代入**すればOKです。

▶ COLUMN

年月の経過を表す書き換え

「〜が亡くなって何年になる」のパターンはpass以外でも入試で書き換えが問われます。整理しておきましょう。

①itを主語にするパターン

• It **has been** more than one hundred years since Natsume Soseki died.

[訳] 夏目漱石が亡くなって100年以上である。

主語がitになっているパターンです。それに合わせ、三単現のsがつき、hasになります。

②deadを使うパターン

• Natsume Soseki **has been dead** for more than one hundred years.

[訳] 夏目漱石が亡くなって100年以上になる。

形容詞のdeadなので、be動詞が必要です。has been deadという形を使います。

③現在形を使うパターン

• It is more than one hundred years since Natsume Soseki died.

[訳] 夏目漱石が亡くなってから100年以上が経っている。

be動詞の部分は現在形です。

1 ① has gone to ② Have you been to
2 ① その店で一度も朝食を食べたことがない。 ② 私は何回かパリに行ったことがある。
3 ① never read such an interesting book
4 ① I have not decided yet. ② Our teacher has been to the U.K. once.

1

① **解答** has gone to
片道の「〜に行ってしまった」は**完了用法**を使います。主語が Mrs. White なので、三単現の s をつけて has にします。have gone to 〜は「〜に行ってしまった（今はここにいない）」の意味です。

② **解答** Have you been to
「〜したことがある」は**経験用法**を使います。have been to 〜は「〜に行ったことがある（行って戻ってきた）」と**往復**を表します。疑問文なので、Have you 〜? の語順です。

アドバイス

経験用法の ever と never は使い方が重要

経験用法では ever「今までに」と never「一度も〜ない」の使い方が重要です。

• Have you ever been to France?
訳 フランスに今まで行ったことがありますか。

• No, I have never been there.
訳 いいえ、**一度も**そこに行ったことがありません。

このように、質問と答えのセットで理解しておくと、会話文でも応用の利く知識になります。

2

① **解答** その店で一度も朝食を食べたことがない。
never「一度も〜ない」は**経験用法**で使われます。have never eaten で「一度も食べたことがない」の意味です。

② **解答** 私は何回かパリに行ったことがある。
回数を表す表現の several times があるので、**経験用法**とわかります。have been to は**往復**を表すので、「行ったことがある」と訳します。

3

① **解答** never read such an interesting book
経験用法です。never は〈have + 過去分詞〉の間に挟みます。such は〈such a + 形容詞 + 名詞〉「とても形容詞な名詞」の語順で使います。

4

① **解答** I have not decided yet.
完了用法の否定文で「まだ〜ない」は not 〜 yet を使います。haven't decided と短縮形も可能です。

② **解答** Our teacher has been to the U.K. once.
主語が our teacher で述語は〈has + 過去分詞〉です。「行ったことがある」という**往復**を表すので、形は have been to を使います。最後に「一度」を表す once をつければ完成です。

▶ COLUMN

経験用法の回数をマスターする
経験用法では「回数」も相性がいいです。once「1回」のほかに twice「2回」もよく出題されます。3回以降は three times のように times をつけます。

• I have been to Hawaii twice.
訳 私は2回ハワイに行ったことがある。

• She has been to Los Angeles three times.
訳 彼女は3回ロサンゼルスに行ったことがある。

何度もあるときにはいちいち回数を言うのが面倒なため、英語圏の人の中には many times「何度も」を愛用する人もいます。

> **1** ① ④ ② ④
>
> **2** ① アリスはピーターがドアをノックしたとき、3時間ずっと読書をしていた。
>
>   ② 彼が家に着く前に彼女は出発していたので、彼は昨日姉〔妹〕に会わなかった。
>
> **3** ① When I got to school, the lesson had already started.
>
>   ② When I got to his house, the birthday party had already started.
>
>   ③ The train had left before she reached the station.

1

① **解答** ④

訳 私が駅に着いたとき、電車は出発していた。

過去の基準点として arrived があります。それより**1つ前の時制**を表す**過去完了形**の had left にします。

② **解答** ④

訳 雨が振り始める前に、私たちはレストランに着いていた。

過去よりも1つ前の時制を表す**過去完了形**の had reached があります。**過去の基準点**となる stared にします。

アドバイス

過去完了形は時系列の図解で理解する

過去完了形のキーワードは過去の基準点です。過去完了形は**時系列を図解**すると理解が深まります。

過去の基準点　　　　　　　　　　過去完了形
When I <u>got</u> to the station, the train <u>had left</u>.

電車が出発した　　駅に着いた

大過去	過去	現在

なお、**大過去とは過去よりも1つ前の時制**です。これを表すときに過去完了形を使います。「私が駅に着いたとき、電車は出発していた」という意味です。

2

① **解答** アリスはピーターがドアをノックしたとき、3時間ずっと読書をしていた。

「ノックした」が**過去の基準点**です。**過去完了進行形**の形で、had been reading が使われています。「ずっと～し続けていた」と、**継続の強調**の意味で訳します。

② **解答** 彼が家に着く前に彼女は出発していたので、彼は昨日姉〔妹〕に会わなかった。

「着いた」が**過去の基準点**です。「出発した」のは「着いた」ときよりも1つ前の時制です。because 以下は「～なので」の理由を表しています。

3

① **解答** When I got to school, the lesson had already started.

「着いた」が**過去の基準点**なので、それより**1つ前の時制を表す過去完了形**の had started を使います。already は〈had + 過去分詞〉の間に挟んで使います。

② **解答** When I got to his house, the birthday party had already started.

「着いた」が**過去の基準点**です。それより**1つ前の時制を表す過去完了形**の had started を使います。

③ **解答** The train had left before she reached the station.

「着いた」が**過去の基準点**です。それより**1つ前の時制を表す過去完了形**の had left を使います。「～するより前に」というニュアンスを表すときは接続詞の before が適切です。

1 ① ウ ② ウ

2 ① 帰宅する頃までには私は風邪をひいていることだろう

② 今月の終わりまでにはあなたはレポートを書き終えていることだろう

3 ① I will have lived in Australia for two years next year.

② I will have finished writing the book by the end of this week.

1

① **解答** ウ

訳 来月で私は5年間ここに住んでいることになるだろう。

未来完了形の継続用法です。話者の想定する地点から未来まで5年間ずっと住んでいることを表すため、will have livedを使います。

② **解答** ウ

訳 もし私が今年そこにもう一度行けば、私はニューヨークを10回訪れたことになるだろう。

未来完了形の経験用法です。if以下の条件を満たすと10回行ったことになるとわかり、will have visitedとなります。

> **アドバイス**
>
> **未来完了形も用法は現在完了形と同じ**
>
> 未来完了形も**用法は現在完了形と一緒**です。未来完了形は継続「ずっと〜しているだろう」、経験「〜したことになるだろう」、完了・結果「〜したところだろう／してしまっているだろう」という訳し方になります。次の例文は未来完了進行形なので「ずっと〜しているだろう」と訳します。
>
> • I will have been teaching English for 20 years next year.
> **訳** 私は来年20年間英語を教え続けていることになるだろう。
>
> この英文は〈for ＋期間〉が使われています。現在完了形の継続用法と同様に、相性のよい語句が決まっているのです。未来完了形でも現在完了形のときに使った考え方を活用すればOKです。

2

① **解答** この雨と風はひどい。確実に帰宅する頃までには私は風邪をひいていることだろう。

未来完了形の完了用法です。by the time SVは「S

がVする頃までには」を表す**時や条件を表す副詞節**というものに該当します。こうした節では未来のことでも現在形で表します。

　　未来完了形　　　　　　　　　　副詞節
I will have caught a cold（by the time I get home）.

will have caught a cold「風邪をひいてしまっていることだろう」が未来の出来事の完了を表します。

② **解答** 私は今月の終わりまでにはあなたはレポートを書き終えていることだろうと望む。

未来完了形の完了用法です。by the end of this month「今月の終わりまでには」が**未来を表す語句**になっています。このbyは期限のbyです。will have finishedは「終えていることだろう」という未来における行為の完了を表します。

3

① **解答** I will have lived in Australia for two years next year.

未来完了形の継続用法です。継続用法と相性のよいfor two years「2年間」という期間を表す語句があります。未来を表すnext year「来年」を文末に置きます。

② **解答** I will have finished writing the book by the end of this week.

未来完了形の完了用法です。「今週の終わりまでには」はby the end of this weekと言います。未来の行為の完了地点を示すため、時制は未来完了形を使います。

1 ① can't[cannot] keep　② can occur[happen]
2 ① 私はどこにもスマートフォンが見つけられない。　② 私はこの問題を解けない。
3 ① I cannot[can't] find my dictionary anywhere.　② Can you help me with my homework?

1

① 解答 can't[cannot] keep
can の否定文です。助動詞の後は**動詞の原形なの**で、can't keep とします。keep up with 〜は「〜に遅れずついていく」の意味です。catch up with 〜「〜に追いつく」と区別しておきましょう。別解として、短縮形を使わずに cannot keep も使えます。

② 解答 can occur[happen]
可能性の can です。「〜する可能性がある」→「〜し得る」という意味で使います。別解として can happen も可能です。

アドバイス

助動詞の can の後が省略される

会話文でよく助動詞の can の後が**省略**されるパターンが出題されます。疑問文に対する答えでよく省略が起こるので、しっかり確認しておきましょう。

A：Can you help me with my work?
訳 私の仕事を手伝ってくれませんか。

B：I'm sorry, but I can't.
訳 すみませんが、できません。

I can't の後に、help you が省略されています。これは相手の質問の「手伝ってくれる」が前提にあるので、省略してもかまわないのです。

2

① 解答 私はどこにもスマートフォンが見つけられない。
短縮形の can't が使われているので、「見つけることができない」→「見つけられない」と訳します。

② 解答 私はこの問題を解けない。
cannot は「〜することができない」の正式な書き方です。「問題を解くことができない」→「問題を解けない」と訳します。

3

① 解答 I cannot[can't] find my dictionary anywhere.
助動詞の can の否定文です。not と any が結びつき、「どこにも見つけられない」の意味になります。not 〜 any は完全否定で「全く〜ない」の意味です。anywhere なので「どこにも〜ない」となります。ちなみに、別解として短縮形の can't も可能です。

② 解答 Can you help me with my homework?
Can you 〜? を使った疑問文です。「〜することはできますか」→「〜してくれませんか」の依頼を表すことができます。〈help 人 with 名詞〉「人の名詞を手伝う」の語法を使えば OK です。フランクな感じで使われ、気軽な会話で用いられます。

▶ COLUMN
フランクな依頼と丁寧な依頼
Can you 〜?が「〜してくれませんか」というフランクな依頼に使われるのに対して、Could you 〜? は「〜していただけませんか」という丁寧な依頼に使われます。

• Can you help me with my work?
訳 私の仕事を手伝ってくれませんか。

• Could you help me with my work?
訳 私の仕事を手伝っていただけませんか。

過去形を使うことで、現在の状態とのギャップが生まれ、一歩引いた表現になるのです。

これは **Chapter 7** の仮定法で詳しく扱いますから、しっかりとチェックしておきましょう。

1 ① will rain ② won't go
2 ① どうかこの小包を彼に渡してくれませんか。 ② 明日の朝散歩に行きませんか。
③ 残念ながら、坂本医師は夏休みで、8月30日の火曜日まで戻らない予定です。
3 ① I will stay home next week. ② The weather forecast says that it won't[will not] rain tomorrow.

1

① **解答** will rain
未来を表す語の tomorrow があります。未来を表すとき、〈will +動詞の原形〉の形に当てはめます。

② **解答** won't go
未来の否定文です。2語しか入らないため、**短縮形**にする必要があります。will not は**won't**になります。

> **アドバイス**
>
> **will と be going to V は何がちがうのか？**
>
> 中学英語だと will=be going to と教わるのですが、必ずしもイコールではありません。will は**その場の思いつき**で「〜するつもりだ」と言うのに対して、be going to はすでに**確定的な未来**に使われます。
>
> • I will answer it.
> 訳 私がそれに(電話で)出ます。
>
> • I am going to give a presentation on climate change.
> 訳 私は気候変動についてのプレゼンテーションをする予定だ。
>
> これは will が思いつきなのに対して、be going to + Vが「その行動の未来に向かっている」を表すのです。何気なく使われる be going to + Vですが、よく見るとすでに学習した進行形と未来志向の不定詞の単元コラボだということがわかります。

2

① **解答** どうかこの小包を彼に渡してくれませんか。
Will you 〜? は**依頼**するときの表現です。pleaseがつくことも多く、「どうか〜してくれませんか」という意味になります。丁寧なニュアンスになります。

② **解答** 明日の朝散歩に行きませんか。
Will you 〜? は「〜しませんか」という**勧誘**に使われます。go for a walk で「散歩する」の意味です。

③ **解答** 残念ながら、坂本医師は夏休みで、8月30日の火曜日まで戻らない予定です。
and で**未来の文を並列**しています。until Tuesday「火曜日までずっと」が未来を表す語句です。

Unfortunately, Dr. Sakamoto ①will be on summer holiday and ②won't be back until Tuesday, August 30th.

①は肯定文で、②は否定文になっています。ちなみに文頭の unfortunately「残念ながら」は副詞です。マイナスの内容の予告に使われます。

3

① **解答** I will stay home next week.
未来を表す語句の next week「来週」という言葉があるので、未来の表現を使います。〈will +動詞の原形〉に当てはめて、will stay にします。

② **解答** The weather forecast says that it won't[will not] rain tomorrow.
未来の否定文です。**未来を表す語**の「明日」という言葉があります。否定文なので will not を使うか、**短縮形**を使い won't とすればOKです。この文に使われている The weather forecast says 〜. は「天気予報が〜と言っている」が直訳ですが、「天気予報によると」と意訳されるので注意しましょう。

1 ① May I buy　② may need
2 ① 試着してもいいですか。　② 新しい文化に慣れるのには苦労するかもしれない。
3 ① May I have your name, please?
　② You may have a difficult[hard] time getting used to a new environment.

1

① 解答 **May I buy**
許可を求める表現です。〈**May I＋動詞の原形**〉に当てはめ、May I buy ～? が正解です。「～しても いいですか」の意味になります。

② 解答 **may need**
「～かもしれない」というときは**推量**の may を使います。〈**may＋動詞の原形**〉に当てはめ、need の 形は**動詞の原形**です。

アドバイス

may be と maybe

予備校や学校でよくある質問に maybe は助動詞 ですかというものがあります。結論を言うと、 maybe は**副詞**です。「たぶん」という意味で使い ます。

• Maybe you are right.
訳 たぶんあなたが正しい。

助動詞の may のときは、may be と単語を離して 書きます。「～であるかもしれない」の意味です。 細かいことなのですが、英作文で何万回と見てき たミスです。しっかり理解しておきましょう。

• You may be right.
訳 あなたは正しいかもしれない。

このように、助動詞は盲点になりやすい書き方が ありますので、本書のように仕組みをしっかり理 解した上でどんどん書く・話す練習もしていきま しょう。遠回りなようで、品詞の理解が英語マス ターへの近道です。

2

① 解答 **試着してもいいですか。**
許可を求める表現です。try 目的語 on で「目的語 を試着する」の意味です。ほぼ100％目的語には it が入り、お店での会話で使われます。目の前の 商品を指差しながら言うイメージです。

② 解答 **新しい文化に慣れるのには苦労するかもし れない。**
推量の may が使われています。「～かもしれない」 と訳出します。have a difficult time Ving で「～ するのに苦労する」という慣用句です。get used to ～は「～に慣れる」の意味ですが、後ろに名詞ある いは動名詞を取ることを覚えておきましょう。

3

① 解答 **May I have your name, please?**
許可を求める表現です。〈May I＋動詞の原形〉に 当てはめ、「～してもいいですか」と尋ねます。名 前を丁寧に聞きたいときは What's your name? よりもこの言い方のほうが好まれます。資格試験 のスピーキングだとこちらが使われますので要チ ェックです。最後に please をつけると、なお丁寧 です。

② 解答 **You may have a difficult[hard] time getting used to a new environment.**
推量の may を使います。「～するのに苦労する」は have a difficult[hard] time Ving を使います。後 ろに Ving を伴うため、getting used to と動名詞に します。この「～するのに苦労する」という熟語は 英作文でもかなり狙われます。最後の「新しい環境」 は a new environment です。

Chapter 6
40講 助動詞の must

[演][習]の問題 ➡ 本冊P.97

[1] ①㋒ ②㋐

[2] ① あなたはすぐに車を動かさなければならない。

② 地球を守るために何かをしなくてはいけない。

[3] ① You must be hungry. ② You must move your bike immediately[at once / right away].

[1]

① [解答] ㋒

[訳] ジョンは車を運転してはいけない。彼は夕食にワインを飲んでいる。

強い禁止を表す表現です。後半に「ワインを飲んでいる」という内容があるため、「車に乗ってはいけない」という**禁止**が入ります。must notの**短縮形**である㋒のmustn'tが正解です。発音は[マスント]になります。

② [解答] ㋐

[訳] マックスがこんなに会議に遅れているのは珍しい。何かがおかしいにちがいない。

確信度合いの強い推量「〜にちがいない」を使います。「会議に遅れてくるのが珍しい」とあるため、「何かがおかしいにちがいない」とするのが自然です。

アドバイス 

「マストアイテム」は和製英語

よく聞く日本語の「マストアイテム」は「買わなければいけないもの」のような意味で使っています。これは和製英語で、英語圏の人はまず使いません。英語だとmust-haveのように言います。こちらは〈助動詞＋動詞の原形〉のルールを守っていますね。

[2]

① [解答] あなたはすぐに車を動かさなければならない。

義務を表す〈**must＋動詞の原形**〉です。「〜しなくてはいけない」と訳します。文末のimmediatelyは副詞で「すぐに」という意味です。

② [解答] 地球を守るために何かをしなくてはいけない。

義務を表す〈must＋動詞の原形〉です。「〜しなければならない」と訳します。後半の〈to＋動詞の原形〉は不定詞の副詞的用法です。「〜するために」と訳します。

[3]

① [解答] You must be hungry.

確信度合いの強い推量です。「〜にちがいない」に対応する英語を書くときは**must be**の形を使います。

② [解答] You must move your bike immediately[at once / right away].

義務を表す表現です。「〜しなくてはいけない」なので、〈must＋動詞の原形〉を使います。「すぐに」という表現にはimmediatelyのほかにat onceやright awayを使ってもOKです。

▶ COLUMN

「〜にちがいない」の意味になる must be

may beが「〜かもしれない」になったのに対して、同じ推量でもmust beは「〜にちがいない」と確信度合いの強い推量になります。

- You may be right.

[訳] あなたは正しいかもしれない。

- You must be right.

[訳] あなたは正しいにちがいない。

同じ推量でも使う助動詞によってその程度が変わります。ニュアンスの差をしっかり理解して、筆者や話者の立ち位置の理解を深めましょう。

---

1 ① should be[come]　② should not swim

2 ① 私は何をすべきでしょうか。　② インターネット上に物を書くときは気をつけるべきだ。

3 ① You should buy a new computer.
　② You should be careful when you post[write] things on social media.

1

① **解答** should be[come]
推量の用法です。「戻る」は be back や come back が使われます。「その頃には戻るはずだ」という**話者の予想**です。

② **解答** should not swim
「**〜すべきではない**」という**助言**なので、**否定文**を使います。〈**should not ＋動詞の原形**〉の形を使います。

アドバイス

shouldの会話文における出題率

should は**軽い提案・助言**に使えるため、会話文にもよく出てきます。

・You should try it!
訳 試してみるべし！

何か食べ物やイベントへの参加など、相手の後押しをする時に使われます。**40講**の must は日常会話での使用頻度は低いため、使用頻度の高い should を英作文の主張でも使っていきましょう。

2

① **解答** 私は何をすべきでしょうか。
疑問詞を使った疑問文です。疑問詞の what が文頭に立ち、その後は疑問文の形になっています。should が主語の前に来ます。

② **解答** インターネット上に物を書くときは気をつけるべきだ。
主張をするとき、「〜すべきだ」の should が便利です。should be careful で「注意すべきだ」の意味になります。on the Internet「インターネット上に」に使われている on は電子媒体などに使われる on です。on TV「テレビで」なども同じパターンです。

3

① **解答** You should buy a new computer.
助言をするときは助動詞の should を使います。

---

should の後は**動詞の原形**なので、should buy と書きます。

② **解答** You should be careful when you post[write] things on social media.
主述関係の把握が重要です。

{あなたは}SNSへの書き込みには
　　　　主語

慎重になった方がよい。
　　　　　　述語

英語では主語を基本言いますが、日本語では一般的な人を表す主語はよく省略されます。ここで使う you は世の中の人を表す総称の you です。この省略された主語を補う力が大切です。主語と形容詞をイコールでつなぐときは be 動詞を使います。when 以下は接続詞なので、SV の構造で書けば OK です。

---

1 ① had ／ would go ② had ／ would lend

2 ① もし彼女の髪の毛が茶色ならば、彼女は全くの別人に見えるだろう。

② もし私が首相ならば、全員に対して大学を無料にするだろう。

3 ① If I had more money, I could study abroad.

② If I were (the) president, I would create job opportunities for poor people.

1

① **解答** had ／ would go

現在時点での想像なので、**仮定法過去**になります。〈If＋S＋**過去形** 〜, S＋**助動詞の過去形＋動詞の原形** ....〉の形を使います。通常のwouldでOKです。

② **解答** had ／ would lend

現在の想像は仮定法過去を使います。lend「貸す」とborrow「(無償で)借りる」の使い分けに要注意です。

If I had any money, I would lend her some {money}.
　　S 過去形　　　　S 助動詞の過去形＋動詞の原形

このlendは主に第4文型で使います。次の例文のとおりです。

I lent him some money.
訳 私は彼にお金を貸した。

lend 人 物「人に物を貸す」となることに注意しましょう。今回のsomeは後ろに直前で登場したmoneyが省略されています。

アドバイス

仮定法の「法」とは何か？

話者の気持ちによって、**仮定法**(話者の想像)を使うか**直説法**(ふつうの条件の文)を使うか決まります。「法」は英語でmodeと言い、**「心的態度」**を表します。「キモチ」をどのように持っているのかを表すのが仮定法なのです。まさに英語の仮定法は話者の主観で「〜だろう／〜できるだろう」と「キモチ」を伝える表現なのです。

• If I had enough money, I could study abroad.
訳 もし十分お金があれば海外留学できるだろうに。

助動詞の過去形を使う仮定法は**現実**からパチンと**想像に切り替える**力があるのです。

2

① **解答** もし彼女の髪の毛が茶色ならば、彼女は全くの別人に見えるだろう。

〈助動詞の過去形＋動詞の原形〉から**仮定法過去**の文だとわかります。be動詞はwasではなく**特別なwere**です。近年は口語でwasを使うことも増えていますが、ライティングではwereが使われることもあります。

② **解答** もし私が首相ならば、全員に対して大学を無料にするだろう。

仮定法過去なので、主語に関係なく**be動詞はwere**を使います。**主節の第5文型**にも注目しましょう。

〜 I would make college free 〜.
　　S　　V　　　O　　　C

第5文型で学んだmake O Cは「OをCにする」の意味です。これは「首相ならば」が想像の話で、まだ夢物語だとわかります。

3

① **解答** If I had more money, I could study abroad.

仮定法過去の形〈If＋S＋**過去形** 〜, S＋**助動詞の過去形＋動詞の原形** ....〉を使います。「できるだろう」なので、助動詞の過去形は**could**になります。ニュアンスを見極めて、wouldとcouldの使い分けをしましょう。

② **解答** If I were (the) president, I would create job opportunities for poor people.

「大統領ならば」は**あり得ない話**なので、**仮定法過去**を使います。if節の中のbe動詞は**特別なwere**を使います。助動詞の過去形の形は「〜するだろう」なので、通常のwouldを使えばOKです。

1　① had had ／ could have bought　② had taken ／ could have caught
2　① もし私がやせていたなら、あの美しいドレスをパーティーに着て行けただろうにと思う。
　　② もし私がそのお金を持っていたら、その最新のスマートフォンを買うことができただろうに。
3　① If I had had enough money, I could have bought the e-dictionary.
　　② If I had studied hard when I was young, I would have chosen a different job.

1

① **解答** had had ／ could have bought
　過去の想像は**仮定法過去完了**です。〈If + S + **had** + **p.p.** 〜, S + **助動詞の過去形** + **have** + **p.p.** ....〉を使い、**できるニュアンス**の〈**could** have + **p.p.**〉を使います。had had の1つ目の had は過去完了形を作るためのもので、2つ目の had は have の過去分詞です。「その本を買えただろうに」のように過去に対する願望を表すときに仮定法過去完了を使います。

② **解答** had taken ／ could have caught
　過去の想像なので**仮定法過去完了**を使います。take「(交通手段として)乗る」と catch「(電車などに)間に合う」を使い分けましょう。

アドバイス

なぜ仮定法では時制が1つ前にズレるのか？

過去完了形は**時間的な距離が現在から2つ分ある**ことを示す表現です。**仮定法過去完了**は、現実との距離と、時間的な距離が合わせて2つ分離れており、過去完了形が用いられます。

```
                          仮定法過去完了
←                     ありえない世界線
┌──────┐        ┌──┐
│ 過去 │        │今│ 仮定法過去
└──────┘        └──┘
←                     現実の世界線
  過去完了形    過去形
```

had + p.p. は通常だと過去よりも1つ前を表す時制なので、予備校でもよく生徒がつまずくポイントです。「過去完了を使っているのになぜ過去なの？」という疑問がわくのでしょう。
そんなときはこの世界線の考え方を利用するのがオススメです。まず仮定法過去は現実の世界線からありえない世界線へと1つ移動すると考えます。さらに仮定法過去完了は現在時点での想像から1つ前に戻るわけなので、それは過去の想像だとわかります。
つまり、この話法では現実からいったん思考モー

ドを変えて、過去に対して想像を働かせた世界線を眺めているのです。

2

① **解答** もし私がやせていたなら、あの美しいドレスをパーティーに着て行けただろうにと思う。
　〈**助動詞の過去形** + **have** + **p.p.**〉から**仮定法過去完了**とわかります。lose weight「やせる」の反意語は gain weight「太る」です。しっかり押さえておきましょう。

② **解答** もし私がそのお金を持っていたら、その最新のスマートフォンを買うことができただろうに。
　仮定法過去完了の文です。latest「最新の」は late の最上級です。latest novel「最新の小説」のように使います。

3

① **解答** If I had had enough money, I could have bought the e-dictionary.
　過去の想像は**仮定法過去完了**です。〈If + S + **had** + **p.p.** 〜, S + **助動詞の過去形** + **have** + **p.p.** ....〉を使います。「〜できただろう」のニュアンスなので〈**could** have + **p.p.**〉になります。

② **解答** If I had studied hard when I was young, I would have chosen a different job.
　過去の反省・後悔は**仮定法過去完了**です。「〜しただろう」なので、通常の〈would have + **p.p.**〉を使います。

1 ①エ ②イ ③イ

2 ① you should have any questions　② the sun were to rise in the west

3 ① If you should have any questions,（please）raise your hand.

1

① **解答** エ

　訳 もし仮に娘ができたら、私は祖母の名前にちなんでメアリーと名づけるだろう。

　主節から**仮定法未来**の文であるとわかります。〈If＋S＋**were to**＋動詞の原形 〜, S＋**助動詞の過去形＋動詞の原形** ....〉の形に当てはめて文を作ります。were to で使われる to は、不定詞で学んだように未来志向を表します。

② **解答** イ

　訳 もしほんの少しこの女性のためにスペースを作ってくれたら、彼女は座れるだろう。

　主節から**仮定法未来**だと判断して **were to** を入れます。不可算名詞 room「余地」は、make room for「〜のために場所を空ける」の熟語でよく使われます。

③ **解答** イ

　訳 もしそのような大きな嵐がフロリダを直撃したら、住宅に深刻な損害をもたらすだろう。

　if 節の were to から**仮定法未来**だとわかります。これは話者が「まずこんなことはないだろうけど」というマインドで話していることがわかります。「万一」の話をしているわけです。主節には**助動詞の過去形**である would が入ります。cause damage to 〜「〜に損害をもたらす」はよく使われるコロケーションです。しっかりチェックしておきましょう。

アドバイス

仮定法未来 were to の使いどころ

were to は原則極めて実現性の低いような、**突拍子もない想像**に関して述べるときに使われます。一方、**1** ②のように、「もしこうしてくださると」という遠回しな**お願い**や**提案**をするときに使われることもあります。

・If you were to move a bit, we could all sit down.
　訳 少し動いて**くだされば**、私たち全員座れるのですが。

命令文でお願いするよりも丁寧です。

2

① **解答** you should have any questions

　ビジネス英語やメールによく使われる用法です。「万一」から**仮定法未来**の〈If＋S＋**should**＋**動詞の原形, 命令文.**〉を使うと判断します。contact「〜に連絡する」は他動詞であることに注意しましょう。

② **解答** the sun were to rise in the west

　仮定法未来の頻出パターンです。日本語訳と主節から**仮定法未来**だと判断して、〈If＋S＋**were to**＋動詞の原形 〜, S＋**助動詞の過去形＋動詞の原形** ....〉の形を使って並べ替えます。「太陽が西から昇る」ことはふつうありえないことなので、未来の想像として伝えています。

3

① **解答** If you should have any questions,（please）raise your hand.

　英語の授業中よく使われる表現です。「万一」と「手を挙げてください」から**仮定法未来**の〈If＋S＋**should**＋動詞の原形, 命令文.〉に当てはめて文を作ります。

Chapter 7
45講

仮定法の倒置

[演][習]の問題 → 本冊P.107

1 ①㋒ ②㋐

2 ① Should you have any questions, please contact us by e-mail.
② Had I left five minutes earlier, I could have caught the train.

3 ① Had I known／I would have come to see you ② were I in your

1

① [解答] ㋒

[訳] あなたの立場なら、今すぐそれをやるだろう。

主節の〈**would ＋動詞の原形**〉から**仮定法過去**の文だとわかります。㋐ではIf節がSV構造を取れず使えないため、**倒置**のWere Iの形にします。なお、立場を表すときにはin one's placeのほかにin one's positionやin one's shoesも使われます。このone'sは所有格を使うという意味です。

② [解答] ㋐

[訳] もしあなたが入院していると知っていたら、私はあなたに会いに行っていたことでしょう。

主節の〈**would ＋ have ＋ p.p.**〉から**仮定法過去完了**の文とわかります。〈If ＋ S ＋ **had** ＋ **p.p.** ～,〉の形が選択肢にないため、**倒置**のHad Iを入れます。

If I had known you were in the hospital, ～.
(I = S, had known = V)

①Ifを取る
②Iとhadをひっくり返す
③完成

Had I known you were in the hospital, ～.
(Had I = 倒置)

アドバイス

倒置の効果とは何か？

「いつもとちがう」ことがあると、印象に残ります。倒置とはまさに、SVの構造を崩し、語順を入れ替えることで文体を変える効果があるのです。「絶対ダメ」が「ダメ絶対」となると、頭に残りやすくなるのと同じ原理です。

2

① [解答] Should you have any questions, please contact us by e-mail.

[訳] 万一質問があれば、メールで連絡してください。

shouldを使った**仮定法未来の倒置**の場合、ifを取り、その直後の〈**S ＋ should ＋動詞の原形**〉を倒置させます。Should you have ～ という語順にします。

② [解答] Had I left five minutes earlier, I could have caught the train.

[訳] もし5分早く出発していたら、私はその電車に乗れただろうに。

仮定法過去の倒置の場合、ifを取り、その直後の〈**S ＋ had ＋ p.p.**〉を倒置させます。hadを先頭に出して、Had I left ～ という語順にします。

3

① [解答] Had I known／I would have come to see you

過去の想像は**仮定法過去完了**を使います。語群にifがないので、**仮定法の倒置**だと判断します。If I had knownをHad I knownにします。主節は〈**S ＋ would ＋ have ＋ p.p.**〉の形で並べ替えます。Had I known ～で「もし～と知っていたら」の意味になります。

② [解答] were I in your

主節の〈**would ＋動詞の原形**〉から**仮定法過去**の文だとわかります。語群にifがないので、**仮定法の倒置**だと判断して、if I were in your placeの語順をwere I in your placeと入れ替えます。

1 ① older／oldest　② younger／youngest　③ smaller／smallest　④ bigger／biggest
⑤ nicer／nicest

2 ① 私はいつもより早く起きた。　② ここ15年で最も暑い夏だ。

3 ① How the money is spent is more important　② This book is easier to understand

---

1

① **解答** older／oldest
規則変化なので、それぞれ -er／-est をつけます。

② **解答** younger／youngest
規則変化なので、それぞれ -er／-est をつけます。

③ **解答** smaller／smallest
規則変化なので、それぞれ -er／-est をつけます。

④ **解答** bigger／biggest
〈**短母音＋子音字**〉は**子音字を重ねて**、-er／-est です。

⑤ **解答** nicer／nicest
e で終わる語は、**e の部分を利用して**、比較級では -r、最上級では -st のみをつけます。

┌─────────────────────────┐
アドバイス

英語の音節とは何か？

音節とは、**語を発音する際の小さなまとまり**のことです。以下は中点（・）で**三つに分節化**されています。

・important→音節の表記　im・**por**・tant

強く読まれる部分を特に意識してみてくださいね。
└─────────────────────────┘

2

① **解答** 私はいつもより早く起きた。
early は〈**子音＋y**〉で終わる語なので、**y を i に変えて** -er をつけます。「ふだん」と比較しています。than usual は「ふだんより」という意味です。

② **解答** ここ15年で最も暑い夏だ。
形容詞 hot は〈**短母音＋子音**〉で終わる語なので、**子音字を重ねて** -est とします。t を重ねて、hot**test** となります。

3

① **解答** How the money is spent is more important
文の主語が **how 節**になっています。important は**三音節以上の語**なので、原級の前に **more** をつけ、more important となります。

〈How the money is spent〉 is more important.
　　　　　S　　　　　　　　V　　　　C

② **解答** This book is easier to understand
比較級の英文です。easier はスペリングに気をつけましょう。easy は〈**子音＋y**〉で終わる語なので、**y を i に変えて**、-er がつきます。また、「理解するのがより簡単だ」は直後に〈to ＋動詞の原形〉の来るパターンです。形容詞を修飾する副詞の役割をしています。

This book is easier (to understand) (than that one).
　S　　　V　　C　　to ＋動詞の原形で補足説明

one は book を指しています。代用として one を使っているのです。

- - - - - - - - - - - - - - - - - -

▶ COLUMN

苦手の原因は中学範囲にある？
いきなりダンベルの100 kgを上げようとするとケガをするように、問題集選びも重要です。例えば、本書では比較の単元もいきなり慣用表現を扱うことはせず、中学範囲との接続をなめらかに行っています。

今回の比較の活用はできる人からすれば余裕と思うかもしれないのですが、僕の予備校での経験上こういった活用を英作文で間違える人は上位のクラスでも当たり前のように多いのです。

これは「運用」、つまり「英語を自分で書いたり話したりすること」の難易度がいかに高いかを物語っています。ぜひ、改めて本書を活用して、中学範囲のヌケやモレまで解消してください。それが100kgのダンベルでも持ち上げる基礎体力の土台を作ります。

Chapter 8
47講 比較級

[演][習]の問題 → 本冊P.111

1 ①㋑ ②㋐

2 ① 新しいバージョンは古いバージョンよりも便利だ。
② しかし私は高くないほうを買わなければならないだろう

3 ① human beings are more intelligent than

1

① [解答] ㋑

[訳] 車で行くよりも電車で行くほうが速い。

〈A is **比較級** than B〉のパターンです。going by train「電車で行くこと」がdriving「車で行くこと」よりも「速い」ことを表します。

② [解答] ㋐

[訳] X: 昨夜メールしたけど、返信してくれなかったね。

Y: ごめん。とても疲れていたから、いつもより早く寝たんだ。

比較級のパターンです。earlyは副詞なので、be動詞がありません。また〈**子音字＋y**〉で終わる語は**yをiに変えてer**をつけるというルールも重要です。

アドバイス

比較は何を比べているか見抜くことが大切

比較級は「**何と何が比べられているか**」**を見抜く**のが極めて重要です。オーソドックスなパターンではthan以下に**比較対象**が示されます。

- Mike is older than John.

[訳] マイクはジョン**より年上**だ。

このようにMikeとJohnが比較されているとわかります。thanは元々接続詞なため、Johnの後に{is}が省略されています。一方、**比較対象が省略**されることもあります。次の英文は何と比べているでしょうか。

- He is getting better.

[訳] 彼は**よくなってきて**いる。

これは{than he was}が省略されています。than以下がメインの主語と共通しているときや自明なときは、比較対象を省略するのです。

2

① [解答] 会社はソフトウエアを今日更新した。**新しいバージョンは古いバージョンよりも便利だ。**

〈A is **比較級** than B〉のパターンです。thanをはさんで、The new version「新しいバージョン」がthe older version「古いバージョン」よりも「便利」なことを表します。

The new version (S) is (V) more useful (C) (than the older version) (M).

② [解答] これらのセーターはどちらも美しい、**しかし私は高くないほうを買わなければならないだろう。**

この文では「**2者のうち一方がより～だ**」を表しています。このパターンでは多くの場合、文中にof the two「2つのうち」を伴います。less「より程度が低い」は日本語訳がしづらいですが「ない」をつけて(高くない)**否定的に訳す**とうまくいきます。

～, [but] I'll (S) have to get (V) 〈the less expensive one〉 (O).

3

① [解答] **human beings are more intelligent than**

〈A **比較級** than B〉のパターンです。intelligent「知能が高い」は**三音節以上の形容詞**なので、比較級にする場合は**moreを原級の前**に置きます。

---

1 ①エ ②ウ

2 ① あなたは私が出会った中で最も素敵な人です。

② どのオンライン店がコンピュータの最新モデルを最も安く売っていますか。

3 ① This black tablet is the most expensive

1

① **解答** エ

訳 その寺は町で一番古い建物だ。

〈**in**＋**単数**〉を使い、「町の中で」という範囲が示されます。old の**最上級**のエ the oldest が正解です。

② **解答** ウ

訳 3人のメンバーの中で、タロウは最も優れたピアニストだ。

〈**of**＋**複数**〉で「〜の中で」という意味を表します。**三者以上の中で一番を伝える**ときには**最上級**を使います。good の最上級のウ the best が正解です。

> **アドバイス**
>
> **不規則変化の表現を覚えよう**
>
> **不規則変化する比較級・最上級**は暗記が必要です。しっかりと覚えておきましょう。good／well「よい／上手に」→ **better**「よりよい」→ **best**「最も優れた」の活用です。さらに、bad「悪い」→ **worse**「より悪い」→ **worst**「最も悪い」もよく狙われます。ちなみに、2種類の活用がある late は要注意です。late「遅い」→ **later**「より遅い」→ **latest**「最新の」のほかに late「遅い」→ **latter**「後半の」→ **last**「最後の」という活用のパターンもあります。

2

① **解答** あなたは私が出会った中で最も素敵な人です。

最上級と**現在完了**の組み合わせです。

You are <u>the nicest person</u> [I have ever met].
最上級の先行詞 （that の省略）　have + p.p.

現在完了の経験用法と**最上級**の相性はよく、**今までの経験値の中で一番**だと伝えます。

② **解答** どのオンライン店がコンピュータの最新モデルを最も安く売っていますか。

最上級が2つあります。まず the latest は late - later - latest の活用で「時間的に一番遅い」→「最

新の」という意味になります。次に the cheapest です。これは**副詞の最上級**で sells を修飾します。

3

① **解答** This black tablet is the most expensive

これは**最上級**の問題です。特に**長い三音節以上の形容詞**の expensive が使われており、**the most** をつける形になっています。

This black tablet is <u>the most expensive</u> one
　　　　　　　　　　　　one は tablet を指す

<u>on the market.</u>
　市場で

このように、**名詞の反復を避ける**ために **one** で代用するパターンは比較では頻出です。

▶ **COLUMN**

アメリカ人は最上級がお好き!?

アメリカの多くの人は相手を褒めるのが上手です。ある日のこと、僕がアメリカ人の同僚と英語で話していたとき、新しい服を着ていることに気づきました。日本文化の発想ではこういう時にあまりうまく褒められないのですが、アメリカ人の同僚が上手に褒めるのを聞いてそれ以降「褒めボキャ（誉め言葉のボキャブラリーを増やす）」を実践してみたのです。

例えば、次の例はどうでしょうか？

- This is the most interesting **movie** that I've ever seen.

訳 これは私が今まで観た中で一番面白い映画だ。

毎回想い出がベストを更新していくようなイメージです。このように少し「盛っている？」と思われるくらいの表現を使っても英語の伝え方としてはちょうどいいことがあります。ぜひ最上級の単元を使って話し上手になっていきましょう。

1 ① イ ② エ

2 ① 私の国の人々はアメリカ人の7倍料理に魚を使う。
② 一度外国語を学ぶことを決断したなら、ネイティブスピーカーと同じくらい流暢にその言語を話せるようになるべきだ。

3 ① little money as you have ② eats twice as many dog

1

① **解答** イ

訳 私の隣人の猫は私の猫の2倍以上の大きさだ。

〈倍数＋as＋形容詞の原級＋as〉の形です。**more than 〜**は「〜よりも多い」を意味します。twice as large as 〜で「〜の2倍大きい」の意味です。

② **解答** エ

訳 Star Hotel のエントランスホールは Royal Hotel のエントランスホールの2倍の広さだ。

〈倍数＋ **as** ＋形容詞の原級＋**as**〉の形です。倍数の twice は as の前に置かれます。spacious は「広い」という形容詞です。space「広さ」に由来するので簡単ですね。

アドバイス

紛らわしい語順にもルールがある

倍数表現を伴う原級比較の語順は要注意です。例えば twice as large as「の2倍大きい」と **as 〜 as** の前に倍数を置きます。また、形容詞が名詞を伴う場合の発展的な表現は **as に形容詞が引っ張られる性質**のため、〈**as** ＋形容詞＋**a**＋名詞〉という形を取ります。

• He is as good a student as his brother.
訳 彼は兄と同じくらい優秀な学生だ。

このように普段の語順とは変化します。形容詞は as についていきたいという性質を持つのです。

2

① **解答** 私の国の人々はアメリカ人の7倍料理に魚を使う。

倍数表現と形容詞が名詞を伴うパターンです。〈**倍数**＋**as**＋**形容詞**＋**名詞**＋**as**〉の形です。fish は不可算名詞なので、much が使われます。このように名詞が挟まれるパターンは盲点になりやすいので、要チェックです。

② **解答** 一度外国語を学ぶことを決断したなら、ネイティブスピーカーと同じくらい流暢にその言語を話せるようになるべきだ。

〈as＋副詞の原級＋as〉の形です。once は「**一度〜すると**」という意味の接続詞です。learn to V は「（努力して）〜できるようになる」を意味します。

3

① **解答** little money as you have

訳 私は君と同じくらいお金がない。私たちはタクシーに乗る余裕などない。

〈**as**＋**形容詞**＋**名詞**＋**as**〉の形です。money は不可算名詞なので、little が使われます。

② **解答** eats twice as many dog

倍数表現と形容詞が名詞を伴うパターンです。〈**倍数**＋**as**＋**形容詞**＋**名詞**＋**as**〉の形です。dog treats の dog は「犬の」という形容詞なので、「犬用のおやつ」の意味になります。

Chapter 8
50講 比較の重要構文

[演][習]の問題 → 本冊P.117

[1] ①㋑ ②㋓ ③㋐
[2] ① 二冊の辞典のうち、彼女は一番安いほうを選んだ。 ② 書けば書くほど、書くことは上手くなる。
[3] ① English you read, the more your English vocabulary

[1]

① [解答] ㋑
[訳] ティムはずっと速く走ることができただろうが、そうしなかった。
比較級の強調には**much**が使われます。このmuchは「ずっと」という程度の強調の意味です。could have + p.p.は**仮定法過去完了**です。「～できただろう（実際にはそうしなかった）」のニュアンスになります。

② [解答] ㋓
[訳] オフィスに早く来るほど、早く帰宅できます。
〈The + 比較級 ～, the + 比較級 ....〉の形で**「～すればするほど…だ」**の意味です。theは**副詞**で、「～すればするほど」の**程度**を表します。

③ [解答] ㋐
[訳] ジェーンとベティは姉妹だ。ジェーンは二人のうち背が高い方だ。
〈the + 比較級 + of the two〉は**比較級と最上級の掛け算**です。明確にそれとわかるtheによる**特定要素**を合わせ持ち、**「2つのうちで一番」**を伝えます。

アドバイス

比較級の強調の応用パターンのeven

比較の**強調**は**even**もよく使われます。

- Joe is even more handsome than Leo.

[訳] ジョーはレオと比べても**ずっと**端正な顔立ちだ。

evenは比較対象が優れていることを伝えたうえ、「それと比べてもずっと」という強調を表します。

[2]

① [解答] 二冊の辞典のうち、彼女は一番安いほうを選んだ。
〈the + 比較級 + of the two〉の構文です。lessはlittleの比較級なので、less expensiveは「より高くない」→「より安い」と訳し方を工夫できます。

② [解答] 書けば書くほど、書くことは上手くなる。
〈The + 比較級 ～, the + 比較級 ....〉のパターンです。前半の〈the + 比較級〉「～すればするほど」を受けて、「ますます～」のニュアンスになります。

[3]

① [解答] English you read, the more your English vocabulary
〈The + 比較級 ～, the + 比較級 ....〉のパターンです。

(The more books in English you read,)
　　　　 books: moreの修飾する名詞

the more your English vocabulary will increase.
　　　　 your English vocabulary: S　will increase: V

1つ目のmoreは形容詞manyの比較級で、**booksを修飾**しています。そのため、語順としてはbooksも前についていきます。一方、2つ目のmoreは副詞のmoreであるため、後ろに続く品詞は語順の影響を受けません。

▶ COLUMN

〈the + 比較級〉の考え方

〈The + 比較級 ～, the + 比較級 ....〉の構文は「～すればするほど…」の意味になるのですが、このtheは冠詞のtheではなく、品詞上は副詞に分類されます。副詞は形容詞や副詞も修飾できるのです。次の英文で確認してみましょう。

"The more experienced and skilled the performers are, the more often they have their individual methods and styles."

これは野村萬斎さんのインタビューに登場した英語です。意味は「演者の経験や技術が磨かれるほど、その人なりの方法論ややり方が確立されることが多い」です。本書で学習を続けた皆さんの「自分なりのやり方」が確立されていれば嬉しく思います。

土岐田の
ここからはじめる
英文法ドリル

修了判定模試
解答と解説

---

1 (1) 名詞／水　(2) 副詞／幸運なことに

(3) 動詞／昇る　(4) 形容詞／興味深い

(5) 形容詞／早い　(6) 名詞／意志

(7) 動詞／連絡する

(8) 動詞／メールをした

(9) 形容詞／一生懸命な

(10) 副詞／一生懸命に

(11) 形容詞／素晴らしい

(12) 形容詞／面白い

(13) 副詞／注意深く　(14) 前置詞／上の

(15) 接続詞／なので　(16) 接続詞／だから

(17) 動詞／続く

(18) 形容詞／親しみやすい

(19) 副詞／かなり　(20) 接続詞／とき

2 (1) エ　(2) ウ　(3) ウ　(4) イ　(5) ウ

(6) エ　(7) ア　(8) ウ　(9) エ　(10) エ

3 (1) 今何時ですか。

(2) カナダで話される言語は英語とフランス語だ。

(3) ナンシーは質問に素早く答える。

(4) 私は祖父母とよく夕食を食べる。

(5) 一生懸命勉強しなさい。そうすれば、入試に合格するよ。

(6) 彼の魅力は性格にある。

(7) 私の父はふつうは車で仕事に行く。

(8) 私の母は私が座るイスを持ってきてくれた。

(9) 工事の騒音が彼女を怒らせた。

(10) 私はその本が読みやすいとわかった。

(11) 毎日散歩をすることは健康によい。

(12) 健康でいることは必要だ。

(13) 何か書く紙〔物〕はありますか。

(14) 何か使って書く物を借りられますか。

(15) 会議に招待された人の中にはニューヨーク出身の人もいる。

4 (1) If I were rich, I could buy that house.

(2) Let's see if he can come.

(3) Even though he was small, he became a professional basketball player.

(4) You can speak English fluently, like a native speaker.

(5) Because you are a university student, you should take responsibility for yourself.

(6) The older you get, the more attractive a woman you will become.

(7) If this project had been successful, we could have won the Nobel Prize in Physiology.

(8) Not knowing what to do, he remained silent during the class.

(9) This player is the most successful Japanese major league player.

(10) If I had left home earlier, I could have got there on time.

5 問1　ア　問2　イ

問3　あなたは英語力を高める方法を見つけることができる。

問4　ウ　問5　improve

1

(1) [正解] 名詞／水 (➡01講)（1点）

訳 私は水が欲しい。

数量詞のsomeがあります。その直後に来る品詞

52

は名詞で、意味は「水」です。some は飲み物などの前につき、漠然とした量を表します。

(2) **正解** 副詞／幸運なことに
（→07講）（1点）
訳 幸運なことに、私は昨年入試に合格した。
文頭に -ly のついたものが来ると、品詞は副詞になります。文全体を修飾するパターンです。反意語は unfortunately「残念ながら」です。

(3) **正解** 動詞／昇る（→04講）（1点）
訳 太陽は東から昇る。
主語の後に来る rise は動詞です。rise は**自動詞**で「昇る」の意味になり、rise - rose - risen の活用です。他動詞は raise「～を上げる」を使います。

(4) **正解** 形容詞／興味深い
（→05講）（1点）
訳 その計画は興味深い。
主語に対する**補足説明**です。品詞は形容詞になります。interesting は「（知的に）興味深い」で、funny は「（余興などを観て）面白い」の意味です。

(5) **正解** 形容詞／早い（→05講）（1点）
訳 彼女は早起きだ。
名詞の riser を修飾するので、early は形容詞です。なお、訳すときは「早い起きる人」→「早起き」のように工夫するほうがよいです。She gets up early. と言い換えられます。

(6) **正解** 名詞／意志（→01講）（1点）
訳 意志あるところに道は開ける。
不定冠詞の a がついているため、will は名詞になります。名詞で使われる will は「意志」や「遺言」の意味になります。

(7) **正解** 動詞／連絡する（→04講）（1点）
訳 メールで私に連絡してください。
文頭の Please から命令文だとわかります。命令文は主語を言わず、**動詞の原形で始まる**ので、contact の品詞が動詞だとわかります。カタカナで「コンタクトする」→「連絡する」の意味で使うこともあるので、おなじみでしょう。

(8) **正解** 動詞／メールをした
（→04講）（1点）
訳 彼女は昨晩メールを私にしてくれた。
主語の後に来る text の品詞は動詞です。この **text は会話文で出題**され始めています。ぜひチェックしておきましょう。元々は text messages「テキストメッセージ」→「（メールなどの短い）メッセージ」から動詞で使われるようになったものです。

(9) **正解** 形容詞／一生懸命な
（→05講）（1点）
訳 彼女は一生懸命に働く人だ。
worker という名詞を修飾するので、hard は形容詞です。a hard worker の品詞上の直訳は「一生懸命な労働者」ですが、わかりやすく言うと「一生懸

命に働く人」の意味です。

(10) **正解** 副詞／一生懸命に
（→06講）（1点）
訳 彼は一生懸命に働く。
この hard は動詞の works を修飾しています。**動詞を修飾するので、副詞の役割**です。意味は「一生懸命に」となります。

(11) **正解** 形容詞／素晴らしい
（→05講）（1点）
訳 これは素晴らしい冒険だ。
名詞の adventure「冒険」を wonderful「素晴らしい」が修飾しています。名詞を修飾するので、この wonderful は形容詞です。wonder「不思議」に -ful「いっぱいだ」→「素晴らしい」や「不思議な」という意味で使われています。

(12) **正解** 形容詞／面白い（→05講）（1点）
訳 私の兄は面白い話をする。
stories という名詞を修飾している funny は形容詞で「面白い」の意味です。funny はお笑いや余興を観たときや、冗談を聞いたときの「面白い」という感じで使われます。

(13) **正解** 副詞／注意深く（→06講）（1点）
訳 私の兄は注意深く運転する。
carefully が動詞の drives を修飾しています。元々の形容詞に -ly をつけると副詞になるので、「注意深く」と訳します。

(14) **正解** 前置詞／上の（→08講）（1点）
訳 棚の上の本は私のものだ。
on のように、名詞の前に置かれる詞は前置詞です。この on the shelf は形容詞のカタマリを作ります。四方八方どこでも接触していれば on を使うので、例えば「壁に」と言うときにも on the wall となります。

(15) **正解** 接続詞／なので（→10講）（1点）
訳 古い物がうまく動かなかったので、私は新しいスマートフォンを購入した。
理由の接続詞 because です。**後ろに SV の構造**が続き、主節とつないでいることから、because は接続詞になります。because of ～「～のおかげで」の場合は前置詞なので後ろに名詞が来る点にも注意です。

(16) **正解** 接続詞／だから（→09講）（1点）
訳 ジェーンは一生懸命に頑張った。だから、テストで満点を取れた。
等位接続詞の so です。**因果関係を表します。**1文目が原因で、so でつながれた次の文が結果になります。「だから」と訳せば OK です。

(17) **正解** 動詞／続く（→04講）（1点）
訳 雨はそんなに長くは続かなかった。
last は一般的には「最後の」が有名な意味です。しかし、このように主語の後に来る動詞で使われる

と last は「続く」の意味になります。

(18) **正解** 形容詞／親しみやすい
（→05講）（1点）
訳 彼女は私が初めて会って以来、ずっと親しみやすい。
この friendly は -ly がついても副詞ではなく、形容詞になります。friend という名詞についてできた形なので、「友達っぽい性質を持つ」→「親しみやすい」の意味になりました。

(19) **正解** 副詞／かなり（→07講）（1点）
訳 私はその本をかなり簡単に見つけた。
07講の応用です。quite「かなり」は quiet「静かな」と間違える人が多いです。確かに見た目は似ていますが quite は［クワイト］という発音なので、注意が必要です。なお、easily という副詞を修飾しているので、強調の役割の副詞とわかります。

(20) **正解** 接続詞／とき（→10講）（1点）
訳 私が駅に着いたとき、電車はすでに出発していた。
この when は後ろに SV の形を取っています。時を表す接続詞で「〜するとき」の意味です。

2

(1) **正解** エ（→20講）（2点）
訳 彼はあなたにとても会いたがっていた。
want の後には**未来志向の〈to ＋動詞の原形〉を入**れます。不定詞の名詞的用法「〜すること」のパターンです。「会うことを欲しがる」→「会いたい」という意味です。

(2) **正解** ウ（→19講）（2点）
訳 私の趣味は野生の動物の写真を撮ることだ。
動名詞は反復行為に使われます。お金をかける趣味の hobby の場合、何度も繰り返し行っていることになるので、**動名詞と相性がよい**のです。

(3) **正解** ウ（→18講）（2点）
訳 それはエッフェル塔と呼ばれる。
これは**第5文型の受動態**です。目的語を主語にして、その後〈be動詞＋p.p.〉の形に当てはめます。図解すると次のようになります。

They call it the Eiffel Tower.
　S　　V　O　　　C

It is called the Eiffel Tower.
　S　　V　　　　C

目的語の it を主語にして、〈be動詞＋p.p.〉の形に当てはめると、正解は**ウ**の **is called** です。最後に by them は不要です。

(4) **正解** イ（→22講）（2点）
訳 その壊れた花ビンに触るな。
能動と受動の識別がポイントです。花ビンは他者から壊されるものです。**受動的な関係があるので、**

過去分詞を使います。正解は**イ**の **broken** です。

(5) **正解** ウ（→18講）（2点）
訳 私は電車で時計を盗まれた。
被害のニュアンスで使われています。have Op.p.「O が〜される」のパターンです。**時計は他者から盗まれるものなので、過去分詞が使われます。**

(6) **正解** エ（→24講）（2点）
訳 寂しく感じたので、お母さんに電話した。
分詞構文です。Because I felt lonely 〜の接続詞と**共通する主語を取り、最後に動詞を Ving 形にしま**す。
① ~~Because~~ ＋ felt lonely 〜
② Feeling に変える

(Feeling lonely), I made a phone call (to my mom).
　　　　　　　　　 S 　 V 　　 O 　　　　 M

(7) **正解** ア（→26講）（2点）
訳 タカシが書いたエッセイは A を取った。
目的格の関係代名詞の省略です。名詞の後に SVが来て、その他動詞に対する目的語が欠けているのが特徴です。

The essay [Takashi wrote ∅] got an A.
　S　　　　　 s 　　 v 　　　 V 　 O

どこが欠けているかをつかむと理解が深まります。名詞に対して修飾する感覚をつかみましょう。

(8) **正解** ウ（→26講）（2点）
訳 この前の夏に私が訪れた博物館はそのルネッサンスの芸術家たちの絵画で有名だ。
目的格の関係代名詞の that です。visit は他動詞なので、本来目的語が必要です。that が目的語の代わりをしているので、後ろの構造は目的語が欠けている形になります。なお、選択肢にはありませんが、which を使うこともできます。

(9) **正解** エ（→36講）（2点）
訳 もしまたそこに来年行けば、私はロンドンに3回行ったことになるだろう。
未来完了形の経験用法です。条件の中で「もしまたそこに来年行けば」と書かれており、時や条件を表す副詞節の中では未来のことでも現在形で表すというルールが使われています。経験を表すthree times「3回」という回数が示されていることから、**未来完了形のエ**が正解です。

(10) **正解** エ（→25講）（2点）
訳 あなたは自分とは違う意見の人とコミュニケーションを取ることによって、新しい考え方を学ぶことができます。
所有格の関係代名詞がポイントです。先行詞がpeople で、直後の opinions が裸の名詞（冠詞のつかない名詞）になっています。本来所有格がつき、their opinions となる部分を**所有格の関係代名詞**の**エ** whose に変えて表現しているのです。

~ people [whose opinions are different
　　先行詞　　所有格　　　s　　　v　　　c

(from yours)].
　　　　　M

3
(1) [正解] 今何時ですか。（→**02講**）（2点）
定冠詞のtheがポイントです。theは「例のあれ」と共通してわかるときに使います。聞き手と話し手で頭に浮かぶtimeとは、「今の時刻」という意味です。なお、冠詞がつかずDo you have time? となると「時間はありますか」の意味になります。採点では「何時ですか」と訳せていれば2点ですが、「時間はありますか」や「ひまですか」は0点です。

(2) [正解] カナダで話される言語は英語とフランス語だ。
（→**23講**）（2点）
分詞の後置修飾です。名詞のthe languagesに対して、spokenからCanadaまでが後ろから修飾しています。「カナダで話される言語は」と正確に修飾関係がつかめていれば1点分、「英語とフランス語だ」または「英語とフランス語です」とbe動詞のイコール関係が訳せていれば1点分です。
The languages [spoken in Canada] are
　　　S　　　　　　　　　　　　　　　　V

English and French.
　　　　C

後置修飾は2語以上の語句が名詞に続くときに起こるルールです。情報が重たくなるので、名詞でザックリ情報を伝えてから詳しい説明をしています。

(3) [正解] ナンシーは質問に素早く答える。
（→**06講**）（2点）
quicklyは副詞として、動詞のanswersを修飾しています。「素早く答える」や「迅速に答える」などが、明確に修飾関係が伝わる解答です。副詞の修飾が書けていれば1点分、動詞が現在時制で訳してあれば1点分です。

(4) [正解] 私は祖父母とよく夕食を食べる。
（→**07講**）（2点）
oftenは頻度を表す副詞です。一般動詞の前、be動詞の後に置きます。「よく」のほかに「往々にして」や「～することが多い」という文末処理をする方法もあります。これらができていれば1点分、時制も現在で訳せていれば1点分です。

(5) [正解] 一生懸命勉強しなさい。そうすれば、入試に合格するよ。（→**09講**）（2点）
〈**命令文＋and ～**〉のパターンです。and以下にはプラスの内容が入ります。後ろには「入試に合格する」という肯定的な内容が来ています。前半の「一生懸命勉強しなさい」と副詞が動詞にかかっていることがわかれば1点、後ろのandが「そう

(6) [正解] 彼の魅力は性格にある。
（→**11講**）（2点）
第1文型のlie inは「～の中にある」の意味です。「～に嘘をつく」の意味になるときにはlie toで使うので注意が必要です。
His charm lies (in his personality).
　　S　　　　V　　　　　M

lie in「～の中にある」と訳せていれば1点、一方でcharmやpersonalityの訳出にミスがあればそれぞれマイナス1点としてください。

(7) [正解] 私の父はふつうは車で仕事に行く。
（→**11講**）（2点）
第1文型のdrive toで「運転していく」は往来発着を表す動詞です。前置詞のtoは移動に関する前置詞で、頻出の知識です。usuallyの訳出が「ふつうは／たいてい」とできていれば1点、drive toが習慣で「車で行く」と訳せていれば1点です。

(8) [正解] 私の母は私が座るイスを持ってきてくれた。
（→**21講**）（2点）
名詞のa chairにto以下が修飾を加える**形容詞的用法**です。不定詞の意味上の主語は〈for＋人〉で示されています。bringの場合、ふつうはtoでもいいのですが、この場合は物理的に持ってくるばかりか、「私が使うための」というニュアンスも入ります。「持ってきてくれた」の時制が合っていれば1点、〈for＋人〉の意味上の主語が示して訳してあれば1点分です。

(9) [正解] 工事の騒音が彼女を怒らせた。
（→**15講**）（2点）
SVOCの第5文型です。O＝Cの関係があります。her＝angryです。「彼女は怒っている」の関係が成り立ちます。
The noise of the construction made her angry.
　　　　　　　　S　　　　　　　　　　V　　O　　C

単語のミスは減点1点とします。ちなみにこの文は、「工事の騒音によって、彼女は怒った」のように、「○○によって～」というニュアンスの因果関係で訳すこともできます。こちらも合わせて押さえておくといいですよ。

(10) [正解] 私はその本が読みやすいとわかった。
（→**15講**、→**21講**）（2点）
SVOCの第5文型です。find O Cは「OがCとわかる」の意味になります。最後のto readはeasyに対しての補足説明をしており、副詞的用法です。「～しやすい」と修飾関係が明確にできていれば1点、最後の部分を「わかった」や「思った」など過去時制で訳せていれば1点分です。

(11) [正解] 毎日散歩をすることは健康によい。
（→**19講**）（2点）
動名詞の主語のパターンです。「毎日散歩するこ

とは」と訳します。動名詞は動詞を名詞化したものですから、訳すときにも「〜すること」とするのを忘れないようにしていきましょう。これができていれば1点です。「健康によい」の部分はイコール関係が明確になるように訳せていれば1点分です。

〈Taking a walk every day〉 is good
　　　　　　S　　　　　　　　 V 　 C

(for your health).
　　　 M

⑫ [正解] 健康でいることは必要だ。
（→20講）（2点）
これはItが形式主語になっており、to以下が真主語になっています。

形式主語　　　　　真主語
It is necessary 〈to stay fit〉.
S V　　　C

itを仮に置いているので、このitのことを仮主語と言うこともあります。このfitはhealthy「健康な」と同じ意味です。

⑬ [正解] 何か書く紙〔物〕はありますか。
（→21講）（2点）
不定詞の形容詞的用法です。この場合は前置詞のonがあるので、「接触」です。つまり、メモ用紙なり紙なり、「何か書きつける」物があるか聞いているのです。訳自体は「何か書く物はありますか」でも2点満点の正解なのですが、「書きつける物」や「書く紙」とするとより正確です。

⑭ [正解] 何か使って書く物を借りられますか。
（→21講）（2点）
不定詞の形容詞的用法です。この場合は前置詞のwithがありますから、「何かの書く道具を使って」というニュアンスがあります。訳は「何か書く物を借りられますか」も2点満点の正解です。ペンやエンピツなど道具を使ってというニュアンスが出せると、完璧な解答です。

⑮ [正解] 会議に招待された人の中にはニューヨーク出身の人もいる。
（→23講）（2点）
名詞に対する**分詞の後置修飾**です。名詞にかかるように「会議に招待された人の中には」と訳します。

Some of the people [invited to the meeting]
　　　　　　　　　　　S

are (from New York).
 V 　　　　 M

なお、some of the peopleは「人々の何人か」よりも「人の中には」と訳す方が正確です。修飾関係が訳せていれば1点、be fromは「〜出身だ」と訳せていれば1点分です。「何人かの人々」とするものは減点1点、invitedを過去形で解釈したものは0点です。

[4]
(1) [正解] If I were rich, I could buy that house.
（→42講）（2点）
〈If＋S＋過去形 〜, S＋助動詞の過去形＋動詞の原形 ....〉の基本ルールです。be動詞はwereを使います。助動詞の過去形のcouldは「できるだろうに」のニュアンスです。

(2) [正解] Let's see if he can come.
（→29講）（2点）
seeが他動詞で「〜を確かめる」という意味なので、後ろには名詞のカタマリを取ります。if以下は「もし〜ならば」の意味ではなく、名詞節の「〜かどうか」の意味です。if以下はSVの構造を取るので、次のようになります。

Let's see 〈if he can come〉.
　　　 s 　　　　 s 　v

(3) [正解] Even though he was small, he became a professional basketball player.
（→10講）（2点）
10講の応用で、接続詞の構造の作り方がポイントです。Even though sv, SV. とします。even thoughは「（実際に）〜だけれども」の意味です。後ろにはSVの構造を取るので、he was small が入ります。主節もSV構造なので、he became a professional basketball player とします。

Even though he was small,
　　　　　　　 s 　v 　 c

he became a professional basketball player.
 S 　 V 　　　　　　　　 C

(4) [正解] You can speak English fluently, like a native speaker. （→37講）（2点）
canの使い方がポイントです。〈助動詞＋動詞の原形〉を使います。fluently「流ちょうに」をどこに置くかが難しいところですが、speak English「英語を話す」というセットの動詞句に対して修飾するため、その後ろに置くと考えればOKです。コロケーションも重要で、「ネイティブ（スピーカー）みたいに」はlike a native speakerとなります。

(5) [正解] Because you are a university student, you should take responsibility for yourself.
（→10講）（2点）
Because「〜なので」は**理由を表す接続詞**として使われます。後ろにはSVの構造を取るため、「〜なので」の理由に含まれるyou are a university studentを入れます。また、熟語のtake responsibility for 〜「〜の責任を取る」も要チェックです。

(Because you are a university student),
　　　　　 s 　v 　　　 c

you should take responsibility (for yourself).
 S 　　　 V 　　　 O 　　　　 M

(6) [正解] The older you get, the more attractive a

woman you will become.

(→50講)(2点)

〈the ＋ 比較級, the ＋ 比較級〉「〜すればするほど
…」の構文です。1つ目のthe は副詞で、「すれば
するほど」という**程度**を表します。2つ目のthe は
「だからいっそう」という意味の副詞です。なお、
後ろの語順が the more attractive woman ではな
く、the more attractive a woman になっているの
は、more が「力持ち」で、**形容詞を前に引っ張る性
質**があるからです。また、名詞も形容詞について
いくため、a woman が形容詞の attractive の直後
に来るという少しいびつな形を取っています。

(The older you get),
    S V

the more attractive a woman you will become.
    C   S V

(7) **正解** If this project had been successful, we
could have won the Nobel Prize in Physiology.

(→43講)(2点)

この文は「〜していたら、…できただろう」から**仮
定法過去完了**だとわかります。形としては〈If ＋ S
＋ had ＋ p.p. 〜, S ＋ 助動詞の過去形 ＋ have ＋
p.p. ….〉を使います。前半に had been、後半に
could have won が使われることがわかれば解け
る問題です。この win は「〜を受賞する」の意味な
ので、合わせてチェックしておきましょう。

(8) **正解** Not knowing what to do, he remained
silent during the class.

(→24講)(2点)

この文は**分詞構文の否定文**です。以下の仕組みを
理解しておきましょう。
①接続詞と、主節と共通する主語を取る
~~As he~~ did not know what to do, 〜.
②動詞を Ving 形に変え、分詞構文にする
Knowing what to do, 〜.
③最後に否定文を作る not をつけて完成となる
Not knowing what to do,
    V' O'

he remained silent (during the class).
S V C   M

(9) **正解** This player is the most successful Japanese
major league player.

(→46講、→48講)(2点)

最上級では the がつきます。それは「例のあの人」
と No. 1 は話し手と聞き手の間ですぐに同じ人物
が頭に浮かぶからです。ここでは successful が**三
音節以上の長い形容詞**なので、the most を形容詞
の前に加えます。

(10) **正解** If I had left home earlier, I could have got
there on time. (→43講)(2点)

この文は「〜していたら、…できただろう」から**仮**

定法過去完了だとわかります。「できる」のニュア
ンスがあるときは could を使う点も要チェックで
す。また、on time「時間通りに」は in time「間に合
って」との区別も重要なので押さえておきましょ
う。

If I had left home earlier,
   had ＋ p.p.

I could have got there on time.
  助動詞の過去形 ＋ have ＋ p.p.

5

問1

正解 ㋐ (→15講)(2点)

この問題は **SVOC の第 5 文型**の理解が重要です。
All work and no play makes Jack a dull boy.
   S   V O C

訳 よく学びよく遊べ。

直訳すると、「全て仕事ばかりで遊びなしは、ジャ
ックを退屈な少年にしてしまう」となります。こ
の下線部の内容から、エイミーの助言が「勉強ば
かり」ではなく、休日には「遊ぶべきだ」という主
旨の内容だとわかります。エイミーが言い換えと
して、That means "it is not healthy to work all the
time and never play." 「つまり、常に働いてばかり
で全然遊ばないのは健全ではない」と述べており、
正解は ㋐ It is necessary to maintain a healthy
work-life balance. となります。

訳 問 1 エイミーは①「よく学びよく遊べ」と言う
とき、何を意味していますか。

㋐ 健全な仕事と生活のバランスを保つことが必
要だ。

㋑ 四六時中勉強するのに休みの時間を使うこと
が重要だ。

㋒ 成功するためには常に働くことが重要だ。

㋓ 入試に向けて一生懸命勉強することが重要だ。

問2

正解 ㋑ (→25講)(2点)

解答の根拠は For example「例えば」から後ろに書
かれています。For example, you can spend your
time with someone who speaks English fluently.
「例えば、英語を流ちょうに話す人と時間を過ご
すことができます」とあり、これは ㋑ She thinks
talking with people who speak English fluently
can be helpful. 「彼女は英語を流ちょうに話す人
と話すことが役立つと思っている」と一致します。
この問題では関係詞の修飾を正確につかむことも
重要なので、以下の構文解析で理解を深めておき
ましょう。

For example, you can spend your time (with
　　　　　　　 S　　 V　　　 O
someone) [who speaks English fluently].
　 M　　 s'　　 v'　　 o'　　 M

このように、選択肢を検証するときにも英文法の理解力が重要なのです。

訳 問2 エイミーは英語力を高めるのによい1つの方法は何だと思っていますか。

㋐ 彼女は英語で声に出して本を読むことがよい方法になり得ると考えている。

㋑ 彼女は英語を流ちょうに話す人と話すことが役立つと思っている。

㋒ 彼女はオンラインで英会話することが役立つと思っている。

㋓ 彼女は上級クラスに入ることがよい方法になり得ると思っている。

問3

正解 あなたは英語力を高める方法を見つけることができる。（**→21講**）（3点）

これは不定詞の用法識別の問題です。〈to＋動詞の原形〉が名詞のways「方法」を修飾していることから、不定詞の**形容詞的用法（後置修飾）**だとわかります。

You can find ways [to improve your English skills].
 S　　　V　　 O

訳すときは、「英語力を高める方法」のように、名詞にかかることがわかるように訳します。

問4

正解 ㋒（**→33講**）（2点）

会話文の中では**現在完了形**が使われているので、その正確な理解がポイントです。It's been a while since I saw them last. は「彼らに最後に会ってからしばらく経っている」が直訳です。そこから「しばらく会っていない」というメッセージをつかむことが大切です。㋓ She has not got in touch with her family for a while.「彼女はしばらく家族と連絡を取っていない」は紛らわしいですが、エイミーが I sometimes have time to talk with them online.「私は時々家族とオンラインで話す時間はある」と言っているので、完全に連絡を取っていないというわけではありません。正解は㋒ She **did not have time to see her family back in the U.K.**「彼女は本国のイギリスにいる家族と会う時間がなかった」です。これは不定詞の形容詞的用法で、名詞のtime「時間」にかかっています。

訳 問4 対話によると、③「彼らに最後に会ってからしばらく経っている」と言うとき、エイミーはどういう意味で言っているでしょうか。

㋐ 彼女は日本で家族と一緒に暮らしている。

㋑ 彼女は家族と集まる機会を得た。

㋒ 彼女は本国のイギリスにいる家族と会う時間

がなかった。

㋓ 彼女はしばらく家族と連絡を取っていない。

問5

正解 improve（**→21講**）（1点）

同意語を見つける問題です。一見すると純粋な語彙力勝負にも見えますが、**同じ品詞を見抜いたり、文意を正確につかんだりする力が必要です。**

I will do my best (to polish my English skills).

訳 私は英語力を磨くために最善を尽くします。

do my best は「最善を尽くす」という意味です。このpolishは動詞で「磨く」の意味で、〈to＋動詞の原形〉の形が使われています。このpolishは my English skills と一緒に使われているので、「英語力をより高める」という意味とわかり、正解は improve です。なおpolishは、床をそうじする道具を「ポリッシャー」と言う、といった知識とつなげて覚えておきましょう。brush up も同じ意味ですが、2語になるため、今回の問題の条件には合いません。間違えた人は問題の指示をよく見るように気をつけてください。

訳

エイミー：冬休みの予定はある？

ケンジ：入試のために英語の勉強をする予定だよ。

エ：ちょっと待って！　①全て仕事ばかりで遊びなしは、ジャックを退屈な少年にするわ。

ケ：どういう意味かな？

エ：「常に仕事ばかりして遊ばないのは健全ではない」という意味よ。

ケ：わかるけど、この前の英語のテスト、いい点取れなかったんだよ。

エ：②英語力を高める方法を見つけられるわ。例えば、英語を流暢に話す人と一緒に過ごせばいいのよ。新しい英語の文法や単語を学んだら、それを使う機会を最大限に活用するようにしましょう。そうやって、英語力を磨いていくの。

ケ：ヒントをありがとう。僕は趣味で本を読むのが好きで、特に推理小説に目がなくて。君は好きな種類の物語を英語で読むのは効果的だと思うかな。

エ：基本的な文法や単語を覚えたら、きっと英語力をアップさせるいい方法だと思うわ。

ケ：英語力を(X)磨くのに全力を尽くすよ。エイミーは、休日の予定はあるかな。

エ：イギリスに帰って、家族と一緒に過ごすわ。たまにオンラインで話すこともあるの。でも、③最後に会ってからしばらく時間が経っているの。ここでの私の経験をシェアしたいと思うわ。

ケ：それは楽しみだね。帰ってきたら、知らせてね。

エ：もちろん！